农民工工资增长与结构：基于企业农民工的量化研究

>>> 李超海◎著

吉林大学出版社
·长春·

图书在版编目（CIP）数据

农民工工资增长与结构：基于企业农民工的量化研究／李超海著.—长春：吉林大学出版社，2019.8
ISBN 978-7-5692-5801-1

Ⅰ.①农… Ⅱ.①李… Ⅲ.①民工－工资－研究－中国 Ⅳ.①F249.24

中国版本图书馆CIP数据核字(2019)第240630号

书　　名：农民工工资增长与结构：基于企业农民工的量化研究
NONGMINGONG GONGZI ZENGZHANG YU JIEGOU: JIYU QIYE NONGMINGONG DE LIANGHUA YANJIU

作　　者：李超海　著
策划编辑：李承章
责任编辑：周　婷
责任校对：王　洋
装帧设计：刘　丹
出版发行：吉林大学出版社
社　　址：长春市人民大街4059号
邮政编码：130021
发行电话：0431-89580028/29/21
网　　址：http://www.jlup.com.cn
电子邮箱：jdcbs@jlu.edu.cn
印　　刷：长春市华远印务有限公司
开　　本：710mm × 1000mm　1/16
印　　张：10.25
字　　数：180千字
版　　次：2020年2月　第1版
印　　次：2022年8月　第2次
书　　号：ISBN 978-7-5692-5801-1
定　　价：45.00元

作者简介

李超海：男，（1979.8—），湖南岳阳人，中山大学社会学博士，广东省社会科学院副研究员。研究领域为城市社会学、青年研究。主要社会兼职有：广东省妇女研究会副秘书长、广东省社会学学会志愿服务研究专业委员会副主任委员、广州志愿者学院中国志愿服务研究中心特约研究员、广州市团校教学督导组成员和广州市义工联理事。主持国家社科基金项目《生存理性、权益回溯与政府"纠错困境"的社会引导机制研究（16BSH010）》、理论粤军重点项目《推进以人为核心的新型城镇化研究（2014WT06）》等课题近10项。在《社会学研究》《中国农村观察》《武汉大学学报（哲学社会科学版）》《云南大学学报（哲学社会科学版）》《中国地质大学学报（哲学社会科学版）》《二十一世纪》（香港中文大学）等刊物上发表论文20来篇，出版《广东民生报告：2012》、参编《城市社会学十讲》著作等。先后荣获北京大学"余天休"优秀博士论文奖（2014年）、陆学艺优秀论文奖（2013年）、广东省妇女研究优秀成奖（2012年）等荣誉。

摘　要

企业农民工的工资由基本工资和加班工资构成，研究企业农民工工资权益不能只探讨由基本工资和加班工资加总构成的工资总量，而应该同时分别研究基本工资、加班工资和工资总量及决定。以珠三角和长三角地区企业农民工的调查数据为例，通过统计分析表明：农民工工资总量总体走向并不代表农民工工资结构的走向，农民工基本工资和加班工资的变化存在不一致性，只有将农民工工资总量研究和工资结构研究相结合才能更好地理解当前农民工的工资决定，才能更严谨地评估农民工的工资权益。

男女两性农民工在基本工资上存在显著差异，在一个“纯粹”按劳动量付酬的加班市场中，男女两性农民工的加班工资回报没有显著差异。这可能跟女性农民工在进入劳动力市场求职时获得技工和管理人员工作岗位的比例低于男性，在生产过程中得到职位晋升和提高职业技能的比例也低于男性有关，求职门槛和晋升门槛的叠加效应使得女性农民工的基本工资显著低于男性农民工。

人力资本可以帮助农民工获得较高的基本工资，但对农民工的加班工资有负向显著影响。可能人力资本越高，越有可能获得好的工作岗位和进入规范的大企业工作，其基本工资自然会越高，但加班工资主要由付出的加班劳动来决定，教育程度和职业技能影响较小。在某种程度上，基本工资跟农民工的人力资本存量有关，而加班工资跟农民工投入的劳动增量有关。此外，人力资本具有较强的门槛效应，但对于进入门槛以后的劳动回报作用不明显。

劳动时间会提高农民工的加班工资，但对农民工的基本工资有负向显著影响。这表明，农民工的劳动时间越长，超出正常工作之外的加班时间越长，农民工的加班工资也就越高，反过来会导致农民工基本工资占工资总量的比重下降。

企业规模越大，基本工资越低，加班工资越高。这表明，大企业更倾向于强化和完善加班制度，在不调整基本工资水平的基础上，鼓励农民工自愿超时加班，富士康就是典型。因此，农民工工资总量增加主要依靠加班工资的增长，而加班工资的增长与经济发展形势密切相关，一旦经济萎缩和外来订单减少，农民工加班工资下降，工资总量剧减，农民工就会抱怨和不满。一旦经济恢复正常或转为高速增长，订单增加和农民工加班机会增多，加班工资增长，工资总量增加。经由此循环，农民工加班生产体制不断巩固。此外，企业规模越大，基本工资设置标准不高，还可能跟企业需要缴纳的社会保险基数有关。企业通过调低基本工资，将节省的成本转化为加班工资，一定程度上有助于农民工获得更多的实际收入，不仅受到农民工的支持，而且进一步巩固了农民工加班生产体制。

农民工的工资总量和基本工资在珠、长两地有显著差异，而加班工资没有显著差异。这表明，加班行为在珠、长两地普遍存在，加班行为和加班制度是两地农民工生产体制的共有特征；而珠三角地区农民工工资权益不如长三角地区，根本原因在于珠三角地区企业或工厂的基本工资较低。

统计分析还表明，2008年至2010年，珠三角地区农民工工资总量增速超过了珠三角地区城镇在岗职工月平均工资增速，但是农民工工资总量增长主要依靠加班工资增长来支撑，而加班工资增长是需要农民工付出额外的劳动和时间为基础。这表明，农民工通过不断延长劳动时间和增加劳动付出确保了其工资增速超过城镇在岗职工工资增速，这种以加班工资增长和加班劳动为代表的农民工工资增长实质上是一种“伪”增长，体现了农民工工资和城镇在岗职工工资之间的不平等。

引入最低工资标准和地区人均GDP作为二层次变量，进行多层次模型分析表明：农民工的基本工资更多受制度干预影响，而加班工资更多与地区经济发展水平有关。更深入地来看，最低工资标准与农民工工资总量呈现“准”线性关系，与农民工基本工资呈现明显的线性关系，与农民工加班工资呈现准正“U”型关系；地区人均GDP与农民工工资总量呈现“类”线性关系，与农民工基本工资呈现倒“U”型关系，与农民工加班工资呈现明显的线性关系。

因此，笼统地提出最低工资标准有助于提升农民工工资水平可以接受，但不够科学和准确。将最低工资标准和农民工工资结构结合起来则有助于我们更好地理解最低工资标准对农民工工资的作用机理。其中，最低工资标准与农民工基本工资之间的线性关系较为明显，最低工资标准越高，农民工的基本工资越高；最低工资标准与农民工加班工资之间呈现准正“U”的关系。在不考虑最低工资标准低于800元的情况下，当最低工资标准超过1000元时，农民工加班工资与最低工资标准呈现同步递增关系，到最低工资标准低于1000元时，随着最低工资标准不断增加，农民工加班工资反而会下降。

笼统地认为经济发展水平越高，农民工工资水平越高可以接受，但不够严谨。通过分析地区人均GDP与农民工工资结构之间的关系，可以帮助我们更好地理解经济发展水平与农民工工资之间的关系。地区人均GDP与农民工基本工资呈现倒“U”型关系，而地区月人均GDP等于6000元是转折点，地区人均GDP低于该点，则农民工基本工资随地区人均GDP增加而上升，高于该点，则地区人均GDP越高，农民工基本工资反而会下降；地区人均GDP与农民工加班工资呈现明显的线性关系，地区人均GDP越高，则农民工的加班工资越高。

目 录

第一章 前 言

第一节 研究背景

自改革开放以来，中国不断融入全球化生产体系，中国对外开放的深度和广度不断提升。在这个过程中，资金、劳动力、技术、土地等各类生产要素在国内呈现出频繁而又快速流动的状态，中国以其庞大的消费市场、充足的劳动力和丰富的资源成为全球化经济体系中最重要的经济体，经济综合实力步入全球前列。据统计，在1978年至2008年间，中国经济增长保持近10个百分点的GDP增长率和8.6个百分点的人均GDP增长率，尤其是在2002年到2012年是中国经济增长的“黄金十年”，中国经济占全球经济的比重从2002年的4.4%增长到2011年的10%左右，在2008年和2009年遭遇全球金融危机的冲击下，仍然保持了7.5%左右的经济增长率，在2010年人均GDP接近4 500美元，GDP总量在2010年超过日本正式成为世界第二大经济体。党的十八大以来，中国的改革开放进入新的发展阶段，中国经济继续稳中向好，2018年国内生产总值达到900 309亿元，自2016年超过70万亿元，2017年超过80万亿元，再创新高。

随着中国工业经济不断发展，中国工业制造水平不断提升，大量农民进城获得了大量非农工作机会，也获得了较高的打工收益。虽然农民工工资水平在不断提高，但与城镇户口劳动力相比，收入剪刀差仍然存在（孙中伟、万向东，2011年）。尤其是在2008年和2009年，当全球性金融危机向中国蔓延，导致中国沿海地区的大量企业减产、倒闭时，出现了农民工“返乡潮”，官方统计大约有2 000万农民工失去工作或没找到工作就返回家乡（侯文学，2010）。可见，随着改革开放和中国经济高速增长，在推动农民进城工作和提高农民收入的同时，也面临着农民工工资权益稳健保护的难题。

因此，纵观中国改革开放几十多年的发展历程，可以发现无论中国经济处于周期性发展的哪个阶段，农民工的工资水平和劳动权益始终随着中国经济周期性发展有所波动和变化，并且农民工工资水平不高的事实始终存在，主要体现在劳动时间较长、自愿加班广泛存在等方面。

一、农民工工作时间长与劳动回报低之间的不对称性长期存在

《2012年度中国职场人平衡指数调研报告》表明，2011年国内职场员工每天工作时间平均为8.66小时，将近30%的职场员工表示每天工作时间超过11小时。该调研报告还显示，广州职场人士平均每天工作9.01小时，较国家法定8小时超出12.75%。[①]超时上班不仅在加工制造、生产、快递、服务等劳动密集型行业普遍存在，在律师事务所、会计师事务所、管理咨询公司、猎头公司、互联网行业、软件开发行业等大量技术密集型行业也不例外。同属工作超时，技术密集型行业的从业人员通常遭遇“工作时间较长但工资收入相对较高”，而劳动密集型行业的从业人员遭遇的则是“工作时间较长和工资收入相对较低”。对农民工来说，超时加班广泛存在。刘林平等人通过问卷调查结果表明，农民工平均每周工作60.21小时，超过法定44小时的16.21小时（刘林平、张春泥、陈小娟，2010），按照每天工作8小时计算的话，农民工平均每周多工作了两天；平均每天加班时间为3.18小时（刘林平、张春泥、陈小娟，2010），按一周工作5天计算，农民工每周加班时间为15.9个小时。

因此，农民工通过延长加班时间、增加工作强度来提高收入水平是一个常见的社会事实，这表明农民工的工作时间和劳动回报之间呈现出非对称的关系，这种工时和回报不对称性格局折射出农民工的工资权益问题不仅仅是一个经济问题，还与经济现象深度嵌入的社会环境和政策制度密切相关。

① 《2012年度中国职场人平衡指数调研报告》，重庆晚报，2012-6-25。

二、工资正常增长制度未能彻底解决农民工工资权益问题

《2010年国民经济与社会发展“十二五”规划纲要》提出要“深化工资制度改革”，充分政府、市场、企业和劳动者的主动性和积极性，建立市场调节、企业主导、劳资协商和政府监管相结合的四方良性循环机制，从而确保劳动者的工资水平能够适应劳动力供求的变化情况，确保劳动者的工资增长跟企业绩效水平相适应。在确保工资总量水平增长不低于经济增长水平基础上，逐渐完善最低工资标准制度和工资指导线制度。党的十八大以来，农民工工资支付机制不断完善，农民工工资权益保障机制有效运行，各种政策法规先后出台，不仅为解决农民工工资决定和工资增长提供了政策依据，也为化解农民工低工资陷阱提供了指导方向。

问题的关键在于农民工工资问题既受制于国际分工和全球化生产体系，也跟国内劳资双方力量不对等、企业管理水平不同等密切相关，经过改革开放四十年的累积，农民工工资权益已经演变成具有争议性的社会议题。2009年新劳动法颁布之前，国内外学术界、新闻媒体和地方政府关注最多的是农民工的低工资问题，以及与低工资问题伴随的工资不增长问题、工资拖欠问题等话题（李强，1999；李培林，2003；刘林平、万向东、张永宏，2006；刘林平、张春泥，2007）；2009年以后，随着新劳动合同法的颁布和最低工资标准的强力推行，学术界和企业管理者开始关心农民工工资不断上涨可能会导致中国通胀上升和中国经济增长减缓，农民工的工资权益保障是否对中国的宏观经济走势和现有经济发展模式产生负面冲击等（丁守海，2008；张五常，2000；蔡昉，2010；巴曙松，2011）。即便经济恢复正常发展的2014年，最低工资标准仍然成为争议话题，各种质疑的声音仍有出现。

可见，国家大力推行的最低工资标准制度，在保障农民工工资权益的同时，也引发了不利于劳动力市场建设、影响农民工就业等质疑。要贯彻落实“十二五”规划中有关“深化工资制度改革和保护农民工工资权益”的制度和措施，要贯彻落实党的十九大报告提出的“坚持在经济增长的同时实现居民收入同步增长、在劳动生产率提高的同时实现劳动报酬同步提高”的目标，就有必要厘清农民工工资决定与最低工资标准的关系，才能为有效的制

度调节提供依据。

三、农民工自愿加班提高工资水平的行为普遍存在

虽然政府不断强化对劳动力市场的治理，新劳动合同法、最低工资标准等政策干措施的干预力度也不断加大，但是农民工的加班行为依然广泛存在。一项涵盖珠三角地区和长三角地区农民工问卷调查的结果表明，70%以上的农民工所在企业需要加班，其中长三角地区农民工加班比例为61.23%，珠三角地区农民工加班比例为71.48%，其中，两地农民工自愿加班行为的比例占54.1%（刘林平、张春泥、陈小娟，2010）。进一步分析表明，获得更多收入是大多数农民工自愿超时加班的主要目的，在自愿加班的农民工群体中，68.9%的农民工表示愿意为增加收入而自愿加班（刘林平、张春泥、陈小娟，2010）。一方面是农民工普遍自愿加班，另一方面是农民工抗议不加班行为。2009年，受国际金融危机的影响，富士康农民工的加班工作减少，加班工资下降，遭致大多数农民工的不满和反对。通常来说，大多数农民工普遍选择自愿加班更多的是基于利益考量，从一个侧面反映了当前农民工的基本工资可能不高，而需要通过加班工资来弥补，这表明加班工资在农民工的工资收入中占有重要地位。

从现实来看，农民工基本工资不高，普遍需要提高工资水平，虽然政府通过新劳动合同法、最低工资标准来干预劳动力市场，但并未从根本上解决农民工的工资权益问题；从学术研究方面来看，当前探讨农民工工资决定的研究虽然有涉及农民工的加班行为，并且也比较了不同地区加班比例和加班时间的差异（万向东，2007；刘林平、雍昕、舒玢玢，2011），但缺乏探讨农民工基本工资和加班工资决定的结构性研究。因此，要想保障和解决农民工的工资权益问题，弄清楚农民工的工资总量和工资结构的内涵，若不理解农民工工资结构及其决定机制，那么对农民工的工资决定理解可能就会存在误区，相应的市场干预和政府保护就会面临争议。

第二节 研究问题

现实情况和学术研究均表明，理解农民工的工资权益，需要将农民工工资总量和工资结构相结合，既要厘清农民工工资总量和工资结构的关系，又要区分农民工基本工资和加班工资作用机制的差异，建立起统分结合的结构性研究思路。

一、农民工的工资权益逐渐从工资总量性问题向工资结构性问题转变

工资既是农民工劳动权益的核心内容，也是市场经济、企业管理和政府治理的重要内容，但从根本上来讲，农民工选择迁移进入城市劳动力市场寻求非农就业主要是为了获得高工资和相对较高的收益。通常经济发展水平越高和工资福利待遇越好的地区和工厂，最容易获得农民工的青睐和偏爱。蔡昉（1996）认为城市和农村的相对收入差距是影响农民工流动和从事非农工作的重要因素（蔡昉，1996），杜鹰、白南生指出20世纪90年代以来农民工外出务工主要以增加收入为主（杜鹰、白南生，1997），李实（1997）和都阳（2001）也指出农业资源禀赋的缺乏和农业收入低下是农民从事非农工作的基本动机（李实，1997；都阳，2001），李强（2003）通过大规模的社会调查资料证实了城乡收入水平差距是农村劳动力流动流向城市的主要动力（李强，2003）。从根本上来讲，城乡之间的比较收入差距决是定农民工迁移行为是否发生的最关键变量（Harris 和 Todaro，1970）。

与此同时，农民工遭遇低工资和工资拖欠现象广泛存在，遭遇因工资收入问题而提出的劳动仲裁也层出不穷。李亚雄（2009）详细列举了2000年至2003年中国私营企业中引发劳动争议案的原因分布，其中，因劳动报酬、保险福利等工资问题出现的劳动争议所占比例最高。其研究结果表明，2000年我国私营企业中因工资问题引发的劳动争议案件为11914件，占当年类似总数的59.19%；2001年总共出现了13533件，占56.56%；2002年为17671件，占57.71%；2003年为17602件，占55.81%（李亚雄，2009）。仅就可收集的资

料表明，工资权益成为引发农民工劳资冲突的重要导火索，当中的一个重要原因是农民工对工资总量及结构的看法与资方之间存在冲突，而这种看法不一致的背后隐藏着农民工的基本工资和加班工资所遵循的决定机制和作用路径存在差异。

为因应农民工低工资问题和日益增多的劳资纠纷，政府试图利用和强化最低工资标准来维护农民工的工资权益。自2004年劳动与社会保障部颁布《最低工资规定》以来，全国各地最低工资标准呈现出稳步上升和频繁上调的趋势。据不完全统计，从2004年到2018年，地方政府几乎以每年或每两年一次的频率上调最低工资标准。2005年我国各省（区、市）最低工资标准中，最高者不过690元/月，最低者仅为340元/月；2018年我国各省（区、市）最低工资标准中，最高者为2 420元/月，最低者为1 430元/月；与2005年相比，最低工资标准中最高水平增长了2.51倍，最低水平增长了3.21倍。就珠江三角洲地区的情况来看，以广州和深圳为例，广州市2005年最低工资标准为684元/月，2018年最低工资标准为2 100元/月，较2005年上涨了2.07倍，深圳市2005年最低工资标准为690元/月，2011年最低工资标准为2 200元/月，较2005年上涨了2.19倍。学术界有很多研究表明，最低工资标准逐步提升的同时，农民工工资水平也在不断提高，但有关最低工资标准和农民工工资同步增长的研究，并没有揭示最低工资标准增长与农民工工资结构的关系。换句话说，最低工资标准对基本工资和加班工资的作用方向和影响程度尚未得到澄清。

二、加班工资成为影响农民工工资结构和工资总量的重要因素

作为国内代工企业龙头的富士康集团，在2009年持续工人跳楼事件之后陆续出台改善工人工作、生活环境和提高工人工资福利待遇的措施和政策。潘毅、许怡（2012）指出，直到2010年5月前，在富士康企业工作的普工每月基本工资仅为900元，这差不多等于当地最低工资标准（潘毅、许怡，2012）。在基本工资趋近国家法定最低工资标准的同时，富士康工人不得不选择大量加班来弥补因基本工资过低多带来的困扰，大多数工人每月加班时间高达100个小时，加班时间接近劳动法规定的每月最高36小时的2.78倍以

上（潘毅、许怡，2012）。2012年4月14日，庞丽静（2012）指出富士康集团的规范员工工作环境和缩短员工工作时间导致农民工工资收入大幅下降，这在一定程度上呈现了农民工工资结构和工资总量的内在联系。报道中，富士康被采访员工杨海金表示，在富士康烟台工厂中，一位普工的底薪为一千多元，通过加班可以拿到四千多元，但现在公司管理规范化和压缩加班时间，使得每位工人的月工资不到两千元（庞丽静，2012）。潘毅等（2012）指出，尽管2010年以来，富士康深圳地区普工的工资呈现出逐年增长态势，但相对于物价、房租、水电等方面的消费支出，工人不得不通常延长加班时间获得加班收入并增加工资总收入，使得加班收入占工人工资总收入的42.3%。

可见，管理规范化和加班时间减少导致农民工工资总量下降，这一方面凸显了加班工资在农民工工资结构中占有重要地位，加班工资的减少导致农民工工资收入下降；另一方面则表明农民工的工资结构对工资总量有重要影响，制度完善和管理规范会导致工人收入下降，并且加班工资具有不同于工资总量的决定机制。因此，农民工自愿要求违反劳动法规的加班这种违背经济学和管理学原理的事实和行为，提醒我们看待农民工的工资水平和工资决定需要采用结构视角和总量结构相结合，而非简单地进行总量分析。

三、研究问题概括

学术研究显示，2004年以来，国家强化最低工资标准的行政干预后，农民工工资总量在不断增长；经验事实表明，以富士康为代表的代工企业的管理规范化和减少加班时间会招致农民工的不满和抱怨，农民工普遍自愿要求加班以提高工资总量。这意味着农民工的工资总量和工资结构之间存在某种程度上的不一致性，这种变动的不一致性提醒我们需要从农民工的工资总量分析视角向工资总量和工资结构相结合的视角分析转变。

在正规企业工作的农民工，其工资结构包括基本工资和加班工资两大部分，当基本工资占工资总量的比重上升时，加班工资占工资总量的比重会下降，二者构成了此消彼长的关系。当政府强化最低工资标准对农民工工资正常增长的干预时，农民工工资会增长，但这种工资增长是基本工资增长带来的还是加班工资带来的呢？地区经济发展出现低谷时，农民工的加班工资会减少，那么基本工资会不会受到影响，工资总量还会继续增加吗？最低工资标准对农民工的基本工资和加班工资的作用方向和影响程度是一致还是存在差异呢？地区经济发展对农民工的基本工资和加班工资的作用方向和影响机制是一致的还是有区别呢？因此，我们有必要探讨在农民工工资总量连续增长态势下，农民工工资结构呈现怎样的变化趋势，将农民工的工资总量增长和工资结构变化结合起来进行理解。

不同于以往关于农民工工资决定的研究，本书提出要将农民工的工资总量和工资结构结合起来进行研究，先将农民工工资总量拆分为基本工资和加班工资，并分别讨论影响基本工资和加班工资的决定机制，然后将影响农民工基本工资、加班工资和工资总量的因素统合起来进行解释，从而可以更加准确地帮助我们理解中国农民工的工资决定及其由工资问题所衍生出的农民工自愿加班现象、最低工资标准对农民工工资权益的保护、地区经济发展水平与农民工工资水平等相关问题。

第三节　研究意义

农民工工资问题或者说农民工的收入问题是社会学实证研究中讨论频率相对较高的一个主题，也是观察和测量农民工权益经常使用的一个指标，具有较强的理论研究价值和现实参考价值。农民工工资增长及结构分析作为本书研究的对象，既考虑了理论问题的本土化和普适化问题（边燕杰、李路路，2006），也能够与工资决定理论进行对话，还能够与当前有争议的最低工资标准政策相联系，因此具有较强的理论意义、现实意义和政策含义。

因此，在回顾和分析西方工资理论研究的过程中，结合中国农民工阶层特殊的市场地位、制度身份和社会阶层，本研究建立了综合个体、网络、职业、企业、最低工资标准和地区经济发展水平等因素相结合的农民工工资总量和工资结构模型，实现了将农民工工资总量研究和工资结构分析相结合；其次，本研究将农民工工资问题纳入政府通过最低工资标准干预劳动力市场和保护弱势阶层权益的政府治理过程，通过评估和衡量最低工资标准制度对农民工工资总量及结构的影响和作用，指出了今后政府干预农民工权益的政策走向和实施策略；最后，农民工工资水平和工资决定受地区经济发展水平和经济发展形势的影响较大，将农民工工资总量和工资结构与地区经济发展水平相联系，能够帮助我们更好地理解农民工在地区经济发展过程中的地位和价值。

一、理论意义

中国农民工作为市场转型和社会变迁的产物，是伴随中国对外开放和外向型经济发展而出现的新生社会阶层，从一开始就是市场经济和社会流动的产物。作为从农村流向城市的新移民，农民工的工资决定问题必然嵌入在城市移民研究和劳动力市场研究中。早期流行的新古典主义、行为主义和结构视角分别讨论了移民、劳动力市场及二者之间的关系。在古典主义学派看来，移民不过是劳动力供给和需求在地理上分布不同导致的结构。从层面来看，移民是人力资本投资和理性评估收入与支出关系之后作出的选择（Schultz，1961；Sjaastad，1962；Todaro，1969）。后来，托达罗拓展了古典主义的移民回报理论，指出移民不仅只在乎短期的支出和回报的关系，还包括期望和长期回报（Todaro，1976）。与新古典主义强调人力资本的特征和作用不同，行为主义学派提出社会环境和心理因素在形塑和制约个体的理性决策过程中发挥了重要作用（Wolpert，1965）。总之，不同个体在劳动力市场的表现差异明显，人力资本和理性利益计算不能够完全解释个体在劳动力市场的决策和选择。

可见，新古典主义理论和行为主义学派基于劳动力供给方立场，从移民视角和劳动力视角探讨了迁移行为产生的原因及影响因素。与新古典主义和行为主义不同，结构主义者则从更大范围的社会制度和市场过程对迁移行为的影响和作用进行了研究，也即从劳动力需求方立场分析个体如何进行迁移决策。考尔·罗伯特（1979）认为劳动力市场分为正规部门和非正规部门，这种市场分割或部门分割是造成移民在城市低收入困境的最基础的制度环境和市场力量（考尔·罗伯特，1979）。大部分情况下，衡量正规部门和非正规部门的基础性指标包括职业、工业部门、企业规模、工会等（Sakamoto and Chen，1991）。通常情况下，正规部门的工作一般会限制移民获得，而非正规部门的劳动力主要来源于雇用移民。

多数中国农民工进城的主要目标是为了获得较高工资收入、实现社会融合和在城市定居。伴随着结构性因素的松动，如限制农民流动的政策已经取消，歧视农民工自由选择工作岗位的制度逐渐被废除，农民工产业工人地位也得到了国家的法律认可等；加上劳动力市场在不断优化，如国家制定立法实施和大力推行最低工资标准制度，政府不断完善和改进劳动合同法等等；同时社会公平程度在提高，如各种歧视农民工的文化观念逐渐消失，农民工对城市的贡献和农民工劳动者的价值不断受到社会认可，农民工的劳动者贡献被普遍认可等。农民工的工作环境、劳动保护和生活境遇都有了较大改善，但仍然面临着工作时间较长、劳动强度较大、工资收入较低和社会保障不太好的结构性弱势，并且农民工的代际流动缓慢，向上流动不畅通。因此，有必要研究哪些有利因素有助于提升和保护好农民工的工资权益及保护了农民工工资权益结构中的哪部分权益，哪些不利因素妨碍和影响了农民工的工资权益及工资权益结构中的哪部分内容。

不同于早期研究，本书重点研究农民工的工资增长及由基本工资和加班工资构成的结构变化问题，探讨最低工资标准和地区经济发展水平对农民工工资结构的影响机制和作用方向，进而可以帮助我们认清农民工工资决定机制的真实作用路径。通过探究农民工的工资结构及走向，我们能够区分农民工的市场身份和制度身份对他们的基本工资和加班工资的作用方向和影响程度，可以理解和认识农民工的工资权益和工资结构权益。

二、现实意义

自2004年开始，中国接连遭遇“民工荒”现象。2004年春节刚过，广东、福建、浙江等沿海经济发达地区首现“民工荒”，这是自2001年中国成为“世界工厂”以来首次出现的劳动力短缺现象。自2004年以后，“民工荒”现象或者农民工短缺情况虽然有所好转，但始终存在。

事实上，中国并未进入劳动力短缺状态，虽然劳动力供给已经面临刘易斯拐点（蔡昉，2007，2008，2009），但中国农村地区目前大约存在1.5亿人的剩余劳动力（国家人口发展战略研究报告，2007），这足以支撑中国经济发展所需的劳动力资源。大多数学者也普遍认为，自2004年以来频繁出现的民工短缺问题并非完全由农村剩余劳动力不足而引起的，造成沿海经济发达地区企业普遍面临的企业缺工现象主要因为工资太低而找不到人（劳动和社会保障部课题组，2004；蔡昉、王美艳，2005；姚先国、来君，2005；林毓铭，2005；白暴力，2007；刘林平，2006，2011）。某种程度上，低工资决定了农民工不愿意进厂就业和企业招不到人，低工资造成了劳动密集型企业面临劳动力短缺的局面。

为缓解劳动力短缺的压力和保障农民工的劳动权益，确保国民经济保持较快增长速度和维护当前经济社会发展良性局面，政府不断强化劳动合同法的宣传和执法来维护农民工的合法权益。“新招用的劳动者的报酬按照集体合同规定的标准执行，没有集体合同的实行同工同酬[①]”、“用人单位自用工之日起满一年不与劳动者订立书面合同的，视为用人单位与劳动者已订立无固定期限劳动合同”[②]、“建立劳动关系应当订立书面劳动合同，劳动合同期限分为固定期限、无固定期限和以完成一定工作任务为期限等3种”[③]和“连续订立两次固定期限劳动合同续订合同的，只要劳动者提出就应当订立无固定期限劳动合同”[④]。上述规定不仅杜绝用人单位不愿意跟劳动者签订劳动合同的问题，而且预防了用人单位招用工“有劳动而无合同”而规避对劳动者承担的法定义务和任意降低使用成本的现象，有效抑制了用人单位无节制地使用短期合同的行为。

实施最低工资标准制度和持续提高最低工资标准也是重要的行政干预手段。2011年12月29日，人力资源和社会保障部部长尹蔚民介绍说：“全国24个省份上调了最低工资标准，平均增幅22%；27个省份发布了工资指导线，基准线多增长了14%以上”[⑤]。最低工资标准政策的落实和最低工资标准的渐进上调，没有造成农民工大规模失业的现象，较好地保护了农民工的工资

---

① 《中华人民共和国劳动合同法》，2008年1月1日。

② 《中华人民共和国劳动合同法》，2008年1月1日。

③ 《中华人民共和国劳动合同法》，2008年1月1日。

④ 《中华人民共和国劳动合同法》，2008年1月1日。

⑤ 《24省份上调最低工资标准，城镇新增就业将超1200万人》，《人民日报》，2011-12-30。

权益，但也存在差异性问题，比如：一是在不同行业的劳动力供给和需求、劳动生产率存在显著差异的背景下，实施了简单统一的最低工资标准，会影响最低工资标准与行业性质的兼容性；二是不同行业的最低工资标准覆盖范围、执行水平和影响程度也不相同，对就业的影响很难一概而论。因此，我国的最低工资标准必须适应国情，在考虑企业用工成本和生产效率的基础上，同时适当向低收入劳动者倾斜。

从政策变迁来看，随着计划经济向市场经济的快速转型，农民工的整体劳动状况和生存环境逐步在改善，但农民工和城镇居民的工资待遇仍然存在一定差别。为了改善和保障农民工的合法权益，相关的农民工政策也在不断改善。1978年到21世纪初期属于政策“赋权”阶段，农民工逐渐获得了自由流动权和自主择业权，并且可以在城市社会自由居住，子女可以享有在城市受教育的权利，并且通过参与“积分入户”政策将户口迁入工作所在城市；2008年金融危机以后逐渐启动了政策“平权”阶段，农民工作为劳动者和纳税人的意识开始觉醒，农民工子女受教育权、保障房居住权等等不断得到保障，尤其是党的十八大以来，国家开始制定“异地高考”方案，这预示着农民工权利进入了“平权”阶段。

针对农民工的各项政策在保障农民工权益的同时，也受制于区域发展的不平衡性、不充分性，这造成了农民工政策实施的效果存在不稳定性，不同地区的农民工政策保护力度存在差异，不同地区的农民工政策保护焦点存在区别，不同时段的农民工政策保护议题存在变化。因此，需要将最低工资标准的实践与农民工工资增长及结构相结合进行研究，才能更好地厘清行政干预对农民工工资结构决定的积极影响和消极后果，进而为制定更加合理有效的农民工保护政策提供借鉴和参考。

第二章　文献回顾

通常来看，工资机制由工资决定机制、工资正常增长机制和支付保障机制构成，其中，“工资决定机制是核心，直接影响和决定工资正常增长与工资支付保障机制能否正常发挥作用”[①]（李国英，1991）。农民工作为市场经济最重要的生产要素，其劳动力的价格或者称农民工工资，也包含着三方面内容：工资决定机制、工资正常增长机制和工资支付保障机制。现实情况表明，农民工的工资正常增长机制有《劳动法》中的最低工资标准予以保障，农民工的工资支付保障机因工资支付保证金制度而得到解决，农民工工资决定机制受各地经济社会发展不平衡、政府治理水平不同和农民工利益抗争差异等因素影响而呈现出不同的走向和趋势。

就农民工的工资水平和工资决定机制来看，学术界和社会舆论就农民工低工资的社会事实基本达成共识，但是对于农民工工资决定机制则存在不同解读。农民工作为市场经济的劳动主体，他们的工资所得及决定机制理应符合人类社会发展的一般规律，同时也与新时代中国特色社会主义制度和中国特色的社会主义市场经济相适应。要想更好理解农民工的工资水平及工资决定，首先要回顾和梳理工资决定的理论演变，同时结合实证研究的变迁，总结经验和教训。

第一节　工资决定的理论变迁

工资作为劳动力市场的核心问题，不仅关乎企业的日常经营管理和企

① 李国英：《论工资机制与经济规律》，《中国劳动》，1991年第7期。

业家的利润分配，而且影响劳动者的工作积极性和工作稳定性，工资水平的合理与否既反映了经济运行状况，也体现了社会的文明程度。工资水平并非一成不变，而是随社会发展阶段、经济发展周期和科技发展水平等因素的变化而变化。因此，工资水平及工资决定不仅成为测量经济发展、社会运行和居民生活的主要器具，也是观察和了解宏观社会结构与微观个体行动之间关系最重要的指标。从古典经济学到新古典经济学，再到制度学派和行为主义，以及马克思主义、福特主义，均从不同视角探讨了工资的决定因素和影响机制。

一、市场决定论

古典经济学和新古典经济学是在市场领域内讨论工资问题。随着资本主义经济的发展和工人阶级的日益壮大，劳动力市场不断发展和工人抗争事件不断增多，涉及工人的工资水平和工资论述也随之增多。

生存工资理论是较早从劳动力供给方角度论述工资对劳动者的价值。在亚当·斯密（1972）和大卫·李嘉图（1976）看来，劳动工资作为维系劳动者基本生存的费用，需要有一定的标准，并且这一设定的标准应该确保即便是最底层的劳动者，其工资水平也不应该低于该标准的下限[①]，并且这一设定的工资标准，要考虑到经济发展水平的变化。随着工业化水平不断提高和生活成本不断增加，工人所获得的劳动回报和工资收入要能够维持他们基本的生存，要能够确保他们的最低生活费用（亚当·斯密，1972；大卫·李嘉图，1976），并不因经济发展水平变化和物价变化而低于工资标准设定的下限。生存工资理论表面上是从劳动者尤其是底层劳动者的立场或角度提出了工资标准的设定目标，认为一般工资标准要确保工人的工资收入能够维持他们基本的生存水平。但从深层次来讲，生产工资理论并没有考量工人的主体性，也没有揭示工人作为劳动工具的本质，只不过将工人视作完成资本原始积累和推动资本增值的重要工具时需要确保工人能够承担使命和履行职责，其前提就要确保工人的基本生存和最低生活费用。

① 【英】亚当·斯密（著），郭大力，王亚南（译），1972，《国民财富的性质和原因的研究》，北京：商务印书馆。

不同于生存工资理论的劳动供给方立场，约翰·贝茨·克拉克（1898）认为工人的工资水平应该考虑劳动需求方的利益和立场。当社会的组织与活动形式（比如人口、资本、技术、组织、环境、大众消费等）保持不变的状态，劳动力投入的增加会导致每增加单位劳动的产出的边际效益下降，劳动力的工资最终会等于其边际收益。因此，劳动的边际收益对企业意义重大，当工人工资高于边际收益时，企业每多雇用一个劳动力的支出会大于其收入，企业的利润会下降，理性的企业主为此会选择解雇工人；当工人工资低于劳动的边际收益时，企业每多雇用一个劳动力的收入会大于支出，利润随着增加，理性的企业主倾向于增加工人雇用的数量。至此，随着劳动力雇用人数不断增多，其边际收入趋向下降，直到工资等于边际收益为止。一定意义上，"劳动者的边际收益既决定了劳动者的工资，也决定了全部劳动者的工资水平"[①]（约翰·贝茨·克拉克，1898）。作为一种静态的工资决定分析，经济的自发力量能够推动工资最终趋向一个合理的水平，作为从劳动需求方的立场，企业主能够单方面依据边际劳动收益决定工资水平和劳动雇用。

均衡工资理论是在批评边际生产力工资理论的基础上诞生的。不同于生存工资理论的"伪"劳动者供给立场和边际生产力理论劳动者需求立场，均衡工资理论基于生存要素或劳动的供需关系及变动提出了工资决定的市场理论。马歇尔（1965）认为在完全市场竞争条件下，工资水平由劳动的供需价格决定。此时，边际产出（收益）决定劳动需求价格，劳动者的生活费用决定劳动供给价格（马歇尔，1965）。当然，劳动的供给价格和需求价格并非一成不变，当教育、训练和保养有效率的劳动所支付的成本发生变化，劳动供给价格的均衡点就会发生变化；当维持劳动者所需要的生活费用（含非生活必需品费用）发生变动后，劳动的供给价格也会发生变化（马歇尔，1965）。由于劳动供给价格的变动，必然使得由劳动供需价格共同决定的均衡工资始终处于动态变化中。马歇尔从劳动供需双方的动态关系论证了工资水平的决定机理，提出将要素投入报酬和要素生产贡献相结合，在某种程度

① 【美】约翰·贝茨·克拉克（著），王翼龙（译）：《财富的分配》，华夏出版社，2008年。

上奠定了经济学中工资理论的基础。

当然，工资水平除了受到市场供需关系的影响，还与供需关系之外的结构性因素相关。随着工会组织逐渐发展成为重要的社会力量参与工资协商，工资决定理论出现了新进展，工资谈判理论应运而生。工资谈判理论引入了市场之外的工会要素，认为纯粹完全竞争的劳动力市场是不存在的，现实生活中存在的是不完全竞争的劳动力市场，此时，在劳动供求关系之外的劳资集体谈判协商会极大影响劳动者的工资水平和工资决定。当经济发展周期处在上升阶段时，市场消费需求充足，对劳动力的需求较为旺盛，劳动供给甚至无法满足市场需求，工人和工会处在谈判的有利地位和位置，迫使企业资方接受提高工资水平的要求；当经济发展周期处在下行阶段或经济危机期间，市场疲软和消费衰退，劳动力需求方的谈判和协商能力上升，工人的工资水平会不升反降（亚瑟·塞西尔·庇古，2006）。因此，劳资双方通过谈判与协商可以达成决定工资上下限的工资区间（亚瑟·赛斯尔·庇古，2006），形成一种短期工资决定模型。工资率不再仅仅局限于劳动供求双方决定的某一点，而是在一个“不确定的区间”中上下浮动，在这个工资浮动区间内，劳资双方可以通过提议、妥协或再提议、再妥协等一系列的反复，最终都将自身的诉求下降到双方都可以接受的点，从而达成短期工资水平（亚瑟·赛斯尔·庇古，2006）。可见，在劳动力供求双方之间引入工会的谈判力量，能够对工资水平产生短期影响，从根本上来看工资水平由生产率决定，工资谈判只不过起到了暂时性干预利益分配格局的作用而已。

分享工资理论不同于基于冲突论的谈判工资理论，认为随着经济发展方式和劳动者角色转变，人的主体性和价值越来越凸显，工人有权利要求分享资本主义经济发展成果和对生产单位—企业的利润进行分享。马丁·魏茨曼（1986）提出除了劳动供求关系和劳资协商谈判结果对工人工资有影响外，企业的经济效益也会影响工人的工资，工人的工资理应随企业经济效益变化而同比例增减变动。为此，分享工资理论批评了资本主义的分配不均尤其是雇员工资制度的不合理，认为工人的工资并没有与资本主义大发展和企业厂商繁荣的生产生活同步共进，因此需要对现有工资制度进行变革，推动工资经济过渡到分享经济；同时，员工报酬区分为工资和报酬，分别对应工资经济和分享经济（马丁·L.魏茨曼，1986）。其中，工资经济是指厂商设置雇员报酬时要与厂商经营包括厂商所做或能做的一切无关的外在的核算单位进行联系（马丁·L.魏茨曼，1986），尤其需要考虑到货币或生活费用指数等外在因素的影响，这表明工人在分享效益时要考虑到宏观层面的通货膨胀、物价水平等因素的影响，确保这种效益分享能够落到实处。此外，分享经济是指工人的工资与某种能够准确体现厂商经营的指数（比如企业收入或利润）相联系（马丁·L.魏茨曼，1986），这意味着企业收入水平和利润总额的增加需要体现在工人的工资水平变动上，只有当工人的工资水平变动跟企业经营绩效保持同步变化，分享工资才真正实现。这样一来，工人有权利要求与雇主在企业收入中进行分享比例认定，既可以通过企业业绩来决定工资水平，也可以通过基础工资加分享基金来确定工资水平。

此后，资本主义经济发展过程中面临的严重失业问题动摇了古典经济学的工资理论基础，代表新古典经济的效率工资理论开始出现。效率工资的主要思想是工资与生产率之间呈现正相关关系，工资提高可以提升生产效率，若企业提高工资，工人的工作积极性会提高，工作付出会增加，从而可以提高劳动效率，即便企业厂商支付的工资高于市场出清工资，但劳动生产效率的提高会导致企业劳动力总成本的下降和企业净利润的增加（袁志刚、陆铭，1997）。为此，袁志刚、陆铭（1997）提出逃避模型或怠工模型、工作转换模型和反向选择模型可以解释效率工作的合理性。在逃避模型或怠工模型中，一旦企业提高工资水平或支付给工人更高报酬，就能够有效减少工人怠工或偷懒的比例，在高回报激励下，工人怠工或偷懒反而会给自己带来更大损失；在工作转换模型中，高报酬能减少员工的流失和防止员工的跳槽行为，提升员工的工作忠诚度，减少重新招聘新劳动力和培训新进员工所产生的成本进而间接提高劳动生产率；在反向选择模型中，高工资运用筛选功能，吸纳劳动力市场中高素质员工进入企业和将低素质员工排除在外，并且高报酬可以改善员工健康和身体状况，使得员工有财力和能力能够参加技能培训来提高人力资本和劳动效率，再加上高工资还能培育员工的忠诚度和稳定员工队伍，这都有利于降低企业的劳动成本和增强企业发展的稳定性，最终可以提升企业生产效率（袁志刚、陆铭，1997）。

新古典经济学与古典经济学一样，局限在市场领域中的投入产出关系来讨论工资回报和工资决定，强调劳动者的工资回报与劳动效率和个人能力密切相关，也即人力资本理论。人力资本理论并非专属的工资理论，但劳动力市场和日常经验都表明，工资水平的高低与人力资本的高低密切相关。

舒尔茨（1960）提出人力资本包括“知识、技能、体力（健康）等，这些因素通过人力资本投资而形成，包括教育投资、培训投资、健康投资、公共投资等”①。因此，在教育、培训和健康等方面的投入越多，回报也越高，劳动者的工资水平也越高。（西奥多·W·舒尔茨，1960）。当前，有三种理论解释论述了人力资本和工资回报之间的关系：一是经验提升人力资本和增加工资理论。Becker（1962）认为总体人力资本投资使得人力资本随经验的积累而提升，在竞争的劳动力市场中，工资趋向等于劳动边际生产价值（Becker，1962），并且，工资随着劳动边际产出价值的提升而同步提升（Ehrenberg、Ronald，1997）。二是专用人力资本投资和劳动产出的关系理论。专用人力资本投资是针对特定企业或岗位的专属培训，受制于培训的专属特性，雇主往往会与雇员分担培训成本，实际上这会造成工资增长幅度低于劳动边际产出价值的增长幅度（Kuratani，1973；Georgellis、Lange，2007）。三是滞后补偿激励理论。通常，工资会随任期工作经验增加而变化，这种变化关系取决于雇主和雇员之间“委托—代理”关系的实际运行情况，一旦雇主觉得难以控制和监督员工的工作情况或换工行为，通常会采纳将雇员任职初期的工资低于劳动边际贡献值转变为任职后期高于劳动边际贡献值的做法，从而激励员工努力工作并可以挽留想跳槽且有经验的员工（Lazear，1984；Arnott，1988）。

二、制度决定论

不同于新古典经济学的解释，制度学派否认市场因素对工资的决定作用，而是强调制度因素对工资的决定作用。在制度学派理论看来，劳动力市场并非一个统一的平等体系，而是呈现出二元区隔的状态，同时劳动力市场

① 【美】西奥多·W. 舒尔茨（著），吴珠华（译）：《论人力资本投资》，北京经济学院出版社，1990。

的竞争是不充分和不完备的。基于此，工资水平的高低并非简单取决于劳动力供求双方的关系和变动，更多受制于各种影响市场供求关系变化的制度性因素，各种制度因素严重削弱了供给力量在工资决定中的作用。通常来看，劳动者进入的行业（部门）和劳动者自身具有的人力资本会对劳动者的工资率产生重要影响。

不同于以土地、资本等为代表的要素市场，劳动力市场具有鲜明的非竞争性特点。制度决定论认为市场是不完备的，竞争是不充分的，在一个部门分割的劳动力市场中套用传统的劳动力市场理论显然是不合适的，尤其是传统的劳动力市场分割理论无法有效解释劳动力市场中普遍存在的歧视和劳动者收入差距拉大的现象，只有将劳动力市场看作不同的分割体系和部门，进而研究各种制度因素和社会因素对劳动回报和就业情况的影响和作用，才能有效理解当前劳动力市场中工资决定的状态。因此，包括企业内部劳动力市场、工会、垄断等制度性因素和包括种族、阶层、歧视等等社会性因素 都可能导致劳动力市场的分割和部门化，进而导致非竞争性群体的出现（Richard Lester，1951），与此同时，部门之间的劳动力自由流动也被堵塞，尤其是从次属劳动力市场向首属劳动力的流动基本不可实现。这样一来，市场供求决定和劳动力自由配置的效率大大下降，早期认为存在统一、平等的劳动力市场的观点逐渐被劳动力市场分割理论所取代（刘精明，2006）。在劳动力市场分割理论看来，存在一个被划分为一级和二级或内部的和外部的、等级化的劳动力市场可能更符合社会现实。在分割的劳动力市场（即双重劳动力市场模型）看来，各种社会或制度性因素的作用逐渐演变出劳动力市场的部门差异，不同人群由于获得劳动力市场信息及进入劳动力市场渠道的差别，导致了在就业部门、职位及收入模式上存在明显的差异，尤其是在种族、性别和移民上差异更加明显（Kaufman，1983）。

不同于传统劳动力市场理论认为工资由劳动边际生产力决定，劳动的需求曲线就是劳动的边际产量曲线（大卫·桑普斯福特、泽弗里斯·桑纳托斯，2000），劳动力市场分割理论认为，任何假定存在一个一元化的、劳动力能够充分自由流动的和劳动力同质化的劳动力市场都是错误的，工资也并非取决于市场经济中劳动供求关系和劳资双方力量的简单决定（大卫·桑普斯福特、泽弗里斯·桑纳托斯，2000），而是同市场一道嵌入各种可见和不可见的制度环境和社会因素中，是多种因素综合决定的结果。当前，劳动力市场存在一个二元结构，在一级劳动力市场或首属劳动力市场中，劳动力的雇主以大公司或大企业为主，其产品也以劳动密集型或技术密集型为主，人才、技能、经验等的积累对企业发展作用重大，人才的流失或扩散对企业的负面影响较大，因此，在企业形成了一个内部劳动力市场，工人的工资并非由边际生产力决定，而与其内部劳动力市场中劳动者所处阶梯地位有关，能得到高出市场平均水平的工资（Bennett Harrison 和 Andrew Sum，1979；William T.Dickens 和 Kevin Lang, 1988）；与一次劳动力市场或首属劳动力市场并行存在的是二级劳动力市场或次属劳动力市场，劳动力的雇主以中小微企业为主，市场发展不稳定且充满风险，市场和产品的需求变动频繁，企业对发展内部劳动力市场不感兴趣，工资由市场上的劳动力供求关系决定，趋向一个固定水平（Bennett Harrison 和 Andrew Sum，1979；William T.Dickens 和 Kevin Lang, 1988）。

总之，在一个纯粹的、一元化的劳动力市场中思考劳动者的工资决定是不符合社会现实的。现实生活中的劳动力市场是存在等级化和差异化的，一级劳动力市场中，劳动者的工资回报高且晋升制度完善，二级劳动力市场中，劳动者的工资回报低且缺乏向上流动机会，更进一步来看，劳动者个体的工资水平可能并不主要取决于其教育程度，而跟其就业部门有关（张展新，2004；刘精明，2006；李骏、顾海燕，2011）。

三、马克思主义工资决定理论

马克思主义的工资决定理论主要适用于自由资本主义经济发展阶段，其工资理论包括两部分内容。首先，研究了资本主义工资理论，指出工资作为资本主义社会的一般经济现象，本质上是劳动力价格的特种名称，是劳动力价值或价格的转化形式（马克思，转引自中央编译局，2004），是在劳动力市场上根据劳动力生产费用和劳动供需关系（马克思，转引自中央编译局，2004）作用形成的，劳动力的价值包含了以下内容：“维持劳动力所有者所需要的生活资料的价值（马克思，转引自中央编译局，2004）”、“工人的补充者即工人子女的生活资料价值（马克思，转引自中央编译局，2004）”和“适应生产需要的劳动力的培养训练费用（马克思，转引自中央编译局，2004）”。此外，与一般商品不同，劳动力的价值还具有历史的道德的因素，也即劳动力价值随着社会经济的发展和文明程度的提高而相应地提高。其次，阐释了社会主义个人消费品应该实行按劳分配的基本思想，提出了按劳分配的理论，可是尚未建立完整的社会工资理论。

就工资的决定因素来看，马克思指出工资是由那些决定其他一切商品价格的规律决定的（马克思，转引自中央编译局，2004），并且劳动力作为特殊的商品，其价格的形成和决定理应遵照市场法则，在市场规律和商品机理的作用下才能形成。因此，劳动者工资的产生、水平、变化和决定同其他一切商品一样受到市场供求关系和商品竞争规律的双重制约，一方面，劳动报酬的变化要以供求关系的变化为基点，供求变动必然会导致劳动报酬水平的变动，另一方面，劳动报酬并不稳定于某一点，而是在一个区间上下浮动，这又跟劳动力的购买方——资本家和劳动力的出售方——工人之间的竞争情况有关。通常来看，资本家和工人之间的竞争情况存在三种类型：第一是卖主（即资本家）之间的竞争，资本家围绕劳动力展开竞争会压低劳动力的价格和降低工人的工资水平；第二是买方（即工人）之间的竞争，工人通过联合与团结起来向卖主（即资本家）争取权益，可能提高工人的工资水平；第三是买卖双方之间的竞争（即资本家和工人）之间的竞争，这种竞争结果具有不确定性，主要跟竞争双方力量的对比有关系（马克思，转引自中央编译局，2004）。总之，在竞争过程中，双方力量的博弈因劳动力商品的供求关系而改变，而供求关系的变化会导致劳动力商品价格的波动，但不管怎么变，劳动力商品的价格总是劳动力商品价值的体现。

当然，因劳动力商品供求关系变动而导致的工资水平的变化，并不是无限地随意变动，而是在一定的区间内部波动。在马克思看来，劳动的价格是由生产费用即为创造这一商品所需要的劳动时间来决定的（马克思，转引自中央编译局，2004）。因此，生产劳动力所需要的劳动时间，可以直接转化为生产劳动者所必需的生活资料所需要的劳动时间，而劳动者所必需的生活资料，既包括维持自身劳动力生产所需生活资料的劳动时间，也包括维持劳动力再生产所需生活资料的劳动时间。这样一来，劳动者工资水平要能够满足劳动力生产和再生产所需要的生活资料，这当然要包括劳动力的补偿，生产和培养新的劳动力，提升劳动力技能所需的教育和训练费用等等。

最后，工人的工资水平在受劳动力价值决定的同时，还跟历史的、道德的和社会的因素有关。工资水平作为劳动者的平均货币收入量，还跟一定的社会发展阶段、文明程度和道德水准有关。工人工资水平要能够体现当时代经济社会发展的一般水平，能够随着经济社会发展水平的进步不断增加，同时，还要确保工人的生活能够跟上当时代社会生活的一般水平，确保工人的生活水平不至于跟社会平均水平相差太远。

可见，马克思主义的工资决定理论深刻地指出了工人阶级与资本家之间的劳动力交换价值问题，工人所获得的报酬只能维系劳动者个人的基本生存，而忽略了工人阶级劳动力价值决定的问题，在工人劳动力价值决定问题上，工人没有任何讨价还价的余地，只能被动地接受资本家及代表资产阶级利益的国家所设定的管理制度和法律规定。

四、全球化时代的后福特主义、纯劳动工资理论

福特主义是安东尼奥·葛兰西用来描述描述一种基于美国方式的新的工业生活模式（安东尼奥·葛兰西，2008）。福特主义推崇以生产机械化、自动化和标准化形成的流水线作业及其相应的工作组织，通过大规模生产来提高劳动生产率，科层化完全控制劳动工程，工人丧失了对劳动过程的自主性，劳资之间通过集体谈判所形成的工资增长与生产率联系机制引发大规模消费，从而促进了大规模生产的进一步发展（安东尼奥·葛兰西，2008），倡导让工人（劳动者）变成消费者，以维持生产稳定和消费稳定。因此，福特制不仅带来了劳动力组织和生产方式的变化，而且对劳资双方都产生了重要影响，一方面，通过精致化生产大大提高了劳动效率和资本的利润，资本家获利增多；另一方面，工薪阶层的生活方式出现了结构性变化，越来越多的工人在大规模生产和稳定消费中获得了较大收益，推动了生产、消费和生活的整体繁荣。

工资和福利的不断提高使得福特主义面临着严重的危机。后福特主义

提出要实行弹性的工资关系，通过工资的减少来恢复边际利润。首要是要恢复市场的力量，避免国家、社会力量和工会组织对经济的过度干预，尤其是要打破刚性的劳资集体制度，建立更加弹性的劳动市场和劳资关系，降低工资不断上涨的压力，进而增强企业经济竞争力和提高福特主义企业组织的生存能力。此时，改造劳动过程，降低外部力量干预，引入市场竞争机制，不断提高劳动生产率就成为重要的任务。因此，在借鉴"第三意大利"和日本"丰田生产方式"的基础上，形成了弹性专业化和精益生产两种模式。最后，在福特主义时期，劳动者成为大规模生产体制下流水线生产工人，生产工人既是劳动者，又是消费者，从而改善了工人阶层的生活水平。20世纪七八十年代为新福特主义和后福特主义时期，外包制和全球工厂体制的长距离生产链条，劳动者成为全球化产业链条的一个环节，劳动者的生产和生活变得极不稳定。

可见，从早期的福特主义到晚期新福特主义再到后福特主义，西方产业工人的劳资关系呈现出渐进改良的历史演进趋势，但劳资关系也变得更为松散、不稳定和更隐蔽。劳动者融生产者和消费者于一体的角色发生变了变化，随着全球化和世界一体化的发展，发达国家的制造业不断向发展中国家转移，发达国家的工人，尤其是一线的蓝领工人，其利益或多或少受到了影响，工作机会减少，失业压力变大，收入水平降低，生活水准下降。虽然产业转移导致各种生活必需品价格下降弥补了失业带来的负面影响，但进入全球化时代以后，欠发达国家通过承接发达国家的产业转移，出现了所谓的"外包制"企业。在这些企业中，直接生产者和全球化企业生产链条的顶端在空间上是分离的，不像一般工厂将直接生产者聚集在一起；其次，直接生产者与工厂管理部门之间是以计酬方式来交换劳动力和报酬的（谢国雄，1998）。因此，在这些"外包制"企业中，劳动关系是极度市场化的关系，当中进行的是纯劳动（labor）而不是劳动力（labor power）的买卖，实际发生的并不是朝九晚五的雇用关系，而是内含在加工过程中的劳动，是以按件计酬的方式进行的交易（Reddy，1984）。在谢国雄（1984）看来，资本家只要劳动的成果，其他的都不要（谢国雄，1998）。中国农民工作为劳动密集型产业的劳动主体，在资本、技术、地方政府和市场等等各种因素的综合作用下，经由去技术化和劳动者的原子化，农民工的劳动雇用关系具有“外包制”企业的某些特征，在不稳定的劳资关系和不确定的雇用关系中，农民工群体呈现出工作的高流动性和工作时间的“短工化”。就劳资关系类型来看，农民工阶层所面临的劳资关系是多元化和多层次并存的，既有传统意义上的国有企业劳资关系管理，也有科学的外资企业劳资关系管理，也存在剥削的私有制企业劳资关系管理，甚至还存在赤裸裸的暴力控制型劳资关系，因此，越是剥削的私有制企业劳资关系和暴力控制型劳资关系，与“外包制”企业中劳资关系的共性就越多。

五、工资理论的总结与反思

从早期工资理论到古典经济学工资理论、新古典经济学工资理论，再到制度学派工资理论和马克思主义工资决定理论，西方学者详细论述了劳动者的工资水平和工资决定在不同经济发展阶段和不同社会制度背景下的作用过程和影响机理。工资作为劳动者的基本权利呈现出逐渐进化的路线：早期的生存工资理论认为劳动者获得的工资回报仅作为一种“自然价格”，现代工资理论认为工资水平应该体现历史的、道德的文明因素；古典经济学认为工资水平是由市场自由竞争决定的，后来新古典经济学指出工资水平是劳动者与企业厂商的谈判博弈的结果，劳动者有权与企业共同分享企业利润；早期，考虑工资水平决定仅考虑劳动力市场供求关系和市场自由竞争因素，后来，提出工资水平的决定受到除市场因素外的各种制度因素或其他因素的影响。总的来看，西方工资水平决定理论的发展可以归结为表2.1。

表2.1 工资决定理论与本书研究的关系

	工资理论	基本观点	作用机理	与本研究的关系
市场决定论	生产工资理论	劳动供给方阐述了工资等同于维持劳动者生存水平的最低生活费用	工人等同于劳动工具，维持其生存水平是为了更好地参与生产	帮助理解农民工工资结构中基本工资的设定
	边际生产力工资理论	从劳动需求方论述了劳动的边际收益决定了劳动者的工资	工资与生产过程中对劳动力的使用有关，边际收益成为决定工人工资的分水岭	—
	均衡工资理论	工资是劳动供给价格和需求价格相均衡的价格	劳动需求方依据劳动边际生产力或收益决定工资水平，劳动供给方依据劳动力生产和再生产费用及衍生效用决定工资水平，两者的均衡点就是实际工资水平	帮助理解农民工工资结构中的加班工资设定
	谈判工资理论	工会代表与企业谈判协商达成工资上下线区间	工会利用组织力量通过与资方博弈和协商，参与制定利益分配规则，形成对工人有利的工资浮动区间	帮助理解农民工工会缺席背景下，最低工资标准发挥的正面功能和存在的弊端
	分享工资理论	工人工资要与企业效益挂钩且同比例增加	工资经济要逐渐向分享经济转变，工人工资由单一的企业绩效决定和多元的保障工资与利润分成决定	帮助理解工人的加班工资是否分享了中国经济发展成果
	效率工资理论	工资与生产率之间呈正相关关系	高工资可以提高生产率，工人生产效率越高，企业成本下降，使得企业进行高工资激励能够良性循环	—
	人力资本理论	工资水平高低与人力资本高低密切相关	人力资本提升劳动者生产效率，生产效率越高，工资回报越高	帮助理解农民工人力资本与基本工资和加班工资的关系
制度决定论	劳动力市场分割理论	工资率或收入水平取决于就业发生在劳动力市场的哪一部分	劳动力市场的等级化使得各种制度因素对工资决定发挥了重要作用	帮助理解不同企业类型的农民工工资结构及决定
马克思主义工资理论		工资是劳动力价值或价格的转化形式	批判了资本主义社会中工人工资的不合理性，工资的决定既有竞争因素，还与资本主义经济规律和法律制度有关	帮助理解农民工工资结构与最低工资标准制度的关系
全球化时代的后福特主义和纯劳动工资理论		后福特主义下劳动者的生产和生活不稳定，工资权益受损；外包制企业中，劳动者与资方进行的是“纯劳动”的买卖	全球化时代，发达国家工人阶级和发展中国家劳工阶层均受资本的压迫，工资水平受到劳动体制的挤压	帮助理解农民工工资结构中基本工资和加班工资的作用机理差异

（一）从市场决定到制度决定，工资水平决定呈现出多元化发展和嵌入性特征

工资水平一般特指与企业厂商、资本家相对应的工人阶级或普通劳动者所获得的劳动回报，他们通过出售劳动力获得赖以为生的生存资料。古典经济学和新古典经济学都不约而同地强调了市场因素的重要作用，并认为存在一个充分自由竞争的劳动力市场，劳动供求关系是确定工资水平的最重要因素。边际生产力工资理论和供求均衡工资理论侧重分析了劳动力市场中供求关系对工资水平的作用机制，而集体谈判工资理论和分享工资理论在市场竞争、劳动供求关系的基础上增加了工会的协商谈判能力，雇员有权分享企业利润等因素形成对劳动者工资水平的决定作用。

制度学派的工资理论是在与新古典学派的争辩的基础上提出和逐渐发展的，不同于古典经济学看重劳动力市场中自由竞争的作用和强调市场因素对工资水平和劳动力资源配置的决定作用，制度学派的工资理论认为劳动力市场的一般规律及规律的特征在削弱供求关系的力量和作用，并且劳动力市场是不完备的，且劳动力竞争是不充分的，存在诸如持续失业、刚性工资和信息不对称的问题，与此同时，在市场之外存在的工会、社会排斥、内部劳动力市场等因素对工资水平和决定的发挥着重要影响。因此，制度学派提出了制度因素对工资水平及增长的决定作用，工资作为一种再分配权利，不可避免地受到特定历史条件下的制度环境和国家性质的影响，也会受到特定社会阶段的文明程度、道德因素和社会习惯的作用，更与地区差异和部分分割密切相关。

因此，古典经济学和新古典经济学在市场领域探讨了工资的水平、决定和变动关系，认为市场供求关系及衍生变量是决定工资的最重要因素；制度学派则认为市场不是工资决定的唯一因素，制度是决定工资水平和利益分配的最重要因素；进入全球化时代，社会分工在全球范围内形成，全球生产链条的形成，使得工资决定和利益分配超越了一个国家或一个民族的范畴，需要在全球化范围内进行分析。

（二）和谐论与对立论并存，既展示了工资水平决定的理论机制，也揭露了工资水平决定不合理的价值判断

古典经济学、新古典经济学和秩序学派在分析雇主和雇员有关工资决

定作用的过程中，强调了雇员与雇主之间在和谐共存基础上的利益再分配。古典经济学详细分析了在一个统一的市场共同体中，雇主和雇员围绕自由选择和劳动供求展示的市场竞争与合作关系。劳动者作为理性的社会成员，他们的经济行为及后果往往取决于需求，并且每个劳动者都在追求利益的最大化和成本的最小化，并获得最大的需求满足。不管是个人的边际劳动生产能力，还是均衡工资理论所提出的收入分配理论，还是分享工资理论和集体谈判工资理论，都是在劳资双方合作与互信的基础上分析劳动者的劳动回报和工资水平。最典型的就是效率工资理论，在效率工资理论看来，企业厂商采用效率工资机制源于可以调动雇员的生产积极性和提高整体劳动生产效率，并且企业厂商源于支付给雇员高工资，从而降低商品劳动成本和提高雇员生产效率。

马克思主义的工资决定理论呈现出鲜明的对立论和冲突论色彩。在分析工资和剩余价值的分割过程中，对基于市场自由竞争和劳动供求决定的古典理论 持批判的态度，一方面指出了资产阶级与无产阶级之间的对立和不可调和，资产阶级只不过给了无产阶级一个给定的生存工资，仅仅只能够维持无产阶级简单的劳动力生产和再生产；另外，马克思主义将宏观的和动态的视野纳入工资决定的分析过程中，将工人阶级的工资水平同资本积累、劳动控制和利润率变动有效结合起来，并最终指出要增加工人的工资水平和提高工人的经济地位，必须推翻资产阶级的统治，建立工人阶级统治的社会主义乃至共产主义国家。

（三）重视宏观结构决定与重视个体能动作用并重，综合考虑了市场、制度和个体等多种因素的作用机理

古典经济学、新古典经济学和制度学派重视分析宏观的结构决定作用，不管是市场因素中的供求关系或自由竞争作用，还是制度因素的劳动力市场分割，还是马克思主义的阶级对立，都指出了宏观结构因素的作用和影响。这充分说明，在资本主义发展过程中形成的各种工资决定理论都论证了宏观的结构因素和制度条件的重要作用，在研究和 分析雇员的劳动回报和工资决定过程中不仅要重点考量市场因素和市场变迁的作用，而且还需要强调制度因素和制度机制的影响，离开了市场和制度谈论工人的工资水平和工资决定无异于水中捞月。

当然，劳动者的角色和作用也没有被忽略，在谈判工资理论、分享工资理论和马克思主义工资决定理论中，都指出了工人阶级联盟的作用和影响，借助工会的集体力量，工人阶级和普通劳工可以同企业厂商和资本家进行和平谈判，也可以动员和聚集无产阶级力量推翻资产阶级的不合理统治，从而最大度限度地维护和保障雇员的合法权益。

不过，新古典经济学中的分享工资和谈判工资理论都具有浓厚的实用主义倾向和消极的合作主义色彩，通过抵消雇主在劳动市场上的垄断和建立劳资关系相融的状态来维护劳动者的权益。马克思主义工资决定理论属于积极的抗争主义，工人工资水平的决定将在很大程度上取决于劳动力供给者竞争实力的增加，取决于联合的谈判力量。

（四）各种工资理论在适用农民工工资决定时，都存在不同程度的偏颇，都没有充分考虑到农民工融市场身份和制度身份于一体的独有特征

纵观工资决定理论的发展历程，不管是新旧古典经济学理论，还是制度学派理论，抑或是马克思主义理论，都是基于西方劳动力市场和市场经济发展的基本特征来讨论劳动者的工资水平和工资决定，虽然制度学派分析了除市场因素以外的制度因素和其他因素对劳动者工资水平的影响机理，但都不能直接适应于中国的农民工阶层。

农民工阶层作为新生的社会阶层（谢建设，2012），是中国改革开放和现代化建设的结果：一方面，没有制度变革就没有农民工阶层，20世纪50年代的户籍制度严格限定了农民向城市迁移的自由，1978年中国从计划经济体制向市场经济体制的市场转型，农村劳动力才逐渐获得向城市自由流动、自主择业和自由居住的权利，但是二元户籍制度的存在限定了农民工阶层享有同城市居民同等的就业服务、社会保障、居住教育和政治权利，农民工身份面临着各种不合理的制度限定，这不同于西方劳动力市场劳动者依法享有的市民身份；另一方面，没有市场开放就没有农民工阶层，计划经济体制将居民区分为城市居民和农村居民，且城乡劳动力市场是两个独立的、封闭运行的平行体系，在对外开放的同时也打开了城市向农村全面开放的大门，农民因应城市市场和工业化发展对劳动力的需求而进城发展成为农民工阶层，因此，农民工阶层是市场经济和工业化发展的产物，是劳动力市场的基本要素。

可见，作为制度监管和市场需求双重因素作用的农民工阶层，虽具有市场主体的特征，但不同于西方资本主义经济条件下的独立劳动者，农民工阶层被户籍制度严格限定了制度身份，这种“亦工亦农”、“非工非农”、融制度监管和市场需求双重作用的混合身份显然很难适用某一种具体的工资决定理论。建立在市场自由竞争和劳动供求关系基础上的工资理论指出了农民工阶层具有市场特性的一面，侧重制度因素和其他因素的制度学派指出了制度不合理对农民工阶层的制度分割的一面，马克思主义的工资决定对资本主义工资决定的不合理性和非人性进行了道德批判，指出了农民工阶层工资需要改进的地方，但是都没有充分考虑农民工融市场身份和制度身份于一体的独有特征。

农民工是自由的劳动力，受市场经济和劳动力供求关系的制约，但农民工在城市失业并不等于没有出路，他们在家乡拥有土地，可以返乡务农，失业对西方国家劳动力的危害要远远高于对中国农民工的影响；现实生活中，农民工缺乏制度化的组织能力，他们不可能建立自己的工会来与资方进行利益博弈，政府严格限制农民工的集会和结社的权利，因此他们无法建立自己的工会来帮助与企业厂商进行工资谈判和要求分享企业利润；在现有的制度分割和政治治理格局下，农民工阶层表达利益不满的最常用办法是“用脚投票”和非制度化渠道维权，2004年延续至今的城市劳动力短缺现象在某种程度上是农民工“用脚投票”的结果，“不信任政府信任信访”就是农民工非制度化维权的体现。

总之，新古典学派着重从理论层面回答了由什么因素可以决定合理的工资水平；而制度学派则是以现实分析为依据，否认了市场供求的唯一决定，提出了制度环境是影响和决定工资水平的重要因素；马克思主义工资决定理论从阶级斗争的角度剖析了资本主义经济形态中工人阶级低工资水平的不合理性，并且提出只有推动资本主义向社会主义的转变，才能真正解决工人阶级的工资权益问题。上述理论视角都是基于资本主义市场经济发展的经验得出工资的决定水平及影响因素。农民工的工资水平和工资决定具有中国的特色，在借鉴西方国家工资决定理论的基础上，需要考虑中国的特殊国情才能更加有效地予以解释和说明。因此，纯粹套用或简单批判西方工资理论，都不是科学的态度，而是需要将西方的工资理论与中国农民工工资问题的独特状态相结合进行本土化解读。

第二节　工资决定的实证研究

工资决定既是一个复杂的经济现象，也是一种值得深究的社会事实，更是关系到劳动者切身利益的利益分配问题。中国作为一个体制转轨和市场转型的国家，劳动力规模巨大且迁移频繁，并且中国经济体系是由一个相对传统、落后的农业部门和一个较为现代、发达的工业部门组成的二元经济结构。在刘易斯（1989）看来，“传统农业部门的边际生产力普遍较低，且存在劳动力过剩的局面，这种偏低的劳动力机会成本使得城市工业部门可以采用不变工资制度，直到剩余劳动力变为稀缺资源。”[①]因此，在劳动力剩余情况和二元经济结构背景下，工资并不纯粹由边际劳动生产率所决定，劳动者自身的生存要求起着更加显著的作用。

经过多年来的经济发展和人口出生的计划调节，中国的人口出生率和劳动力规模都处在转变的十字路口，源源不断的农村劳动力供给局面虽尚未出现，但无限供给的局面不再出现；政府主导经济发展的角色没有发出根本改变，但政府的保护型角色扮演不断完善，通过提高最低工资标准、完善劳动力市场建设等措施维护农民工的底限权益；乡村振兴战略、社会主义新农村建设和城乡一体化，也大大缩小了城乡差距。凡此种种变化，为国内外学界研究农民工工资决定提供了重大契机。当前，学界有关农民工工资决定的实证文献，大致可以总结如下。

一、人力资本与工资决定

劳动经济学对人力资本投资所形成的工资率及差别进行了大量研究，都无一例外地得出工资率与劳动者的人力资本水平之间存在显著的正相关关系

① 【美】阿瑟·刘易斯，施炜等译，1989，《劳动力无限供给条件下的经济发展》，载《二元经济论》，北京：北京经济学院出版社。

的结论。明赛尔（1974）指出“人力资本的主要变量由进入劳动力市场前的学校教育、工龄和劳动力市场中职业培训构成”[①]（Mincer，1974），并且“工资结构区分为工资层级和工资曲线的形状，前者受进入劳动力市场前所接受的学校教育决定，后者则与进入劳动力市场后人力资本的投资有关，包括职业培训、继续学习和职业流动”（Mincer，1989）。

国内相关研究表明，人力资本对农民工的工资水平有显著正向影响（范红波，2005；苏群、周春芳，2005；严于龙、李小云，2006；卢志刚、宋顺锋，2006；张杨珩，2007；娄世艳、李建民，2008），随着教育程度提高一个档次，农民工工资增加22%（方震寰，2008），受教育水平每增加一年，月工资性收入会相应地提高3.67个百分点（徐文婷、张广胜，2011），教育每增加一年，农民工的工资将提高6.1%（赵显州，2012），与文盲务工者相比，小学毕业农民工的工资高3.63%，初中毕业农民工的工资高5.25%，高中毕业农民工的工资高13.00%，大学毕业农民工的工资高22.58%（龚斌磊、郭红东、唐颖，2010）。此外，新生代农民每多接受一年的正规教育，其非农收入水平增长2.1%（罗蜂、黄丽，2011）。

教育程度越高的农民工，越有可能在城市劳动力市场中获得较好的就业位置和得到较高的工资回报。姚先国、俞玲（2006）以扬州地区的农民工为研究对象，指出“文化程度越高的农民工，越有可能成为管理人员、专业技术人员和公司职员，有过培训经历的农民工越有可能成为公司职员和服务员”[②]（姚先国、俞玲，2006）。刘林平等（2007）利用调查数据研究指出人力资本是决定农民工工资的基本变量，农民工的受教育程度、技能培训等等对农民工的工资水平有显著决定作用（刘林平、张春泥，2007）。李树茁、杨绪松、任义科、靳小怡（2007）运用深圳调查数据研究显示，较高的教育水平能促使农民工得到较高的收入，打工年限的延长，农民工获得更高的收入的可能性也越高（李树茁、杨绪松、任义科、靳小怡，2007）。

农民工工资水平还因岗前培训时间的增加而递增，与无培训的农民工相

① Mincer J.Schooling, Experience and Earnings[M]. New York:Columbia University Press, 1974:90-100.

② 姚先国、俞玲，2006，《农民工职业分层与人力资本约束》，《浙江大学学报（人文社会科学版）》第5期。

比，接受一至三个月岗前培训的农民工工资高6.22%，接受三个月以上岗前培训的农民工工资则高11.9%（龚斌磊、郭红东、唐颖，2010），受过职业培训的农民工比没有受过培训的农民工平均年工资要高11%左右（方震寰，2008）。进城后曾接受职业技术培训的农民工月工资性收入要比未曾接受过培训的农民工高13.11%，有技术或手艺的农民工比没有技术或手艺的农民工工资高19.28%（徐文婷、张广胜，2011），参加培训者比不参加培训者的工资要高出15.7%（赵显州，2012），此外，新生代农民工只要接受1个月以上的短期培训，其非农收入就可实现11.2%的增长（罗蜂、黄丽，2011）。

此外，年龄和工作经验也对农民工的工资水平有显著的正向影响，农民工工资随经验增长而不断上升（朱农，2005；高嵩等，2006；严于龙，2006；刘林平、张春泥，2007；尹善平，2007；周井娟，2008；钱文荣、姜励卿，2011；刘林平、雍昕、舒玢玢，2011），工作经验对农民工的工资有正向影响，每增加一年的工作经验，工资水平将提高0.9%（龚斌磊、郭红东、唐颖，2010），但年龄与工资水平存在"倒U型"曲线关系，顶点在35岁，工资水平先随年龄增长而增加，在35岁达到最大值后逐渐随年龄增长而降低（龚斌磊、郭红东、唐颖，2010）。当然，也有研究揭示农民工工资与年龄呈负相关关系，方震寰（2008）指出农民工收入随着入城的时间的增加相应提高，年龄每增加一岁农民工的工资反而会降低（方震寰，2008）。

总之，大多数研究都揭示了包括教育程度、职业培训和工作经验在内的人力资本对农民工的工资水平有正向影响。其中，教育程度越高，农民工所获得的工作岗位越好，工资收入越高，工作的稳定性也越强。职业培训经历与农民工的工资水平呈现出正相关关系，有过培训经历、具有职业资格证书和获得过职称技术等级的农民工比没有上述经历的农民工获得的工作回报要高。工龄和工作经验都有利于提高农民工的工资水平，工作经验即使不具有可积累性，但是工作经验可以稳定工作岗位和获得较好的工作岗位，从而增加工资所得。

不过，也有一例研究揭示人力资本对农民工的工资水平有反向作用，杨云彦和陈金永的研究指出人力资本中的教育程度和社会资本中的社会网络对外来劳动力的工资没有显著影响（杨云彦、陈金永，2000）。此外，人力资本对不同农民工的工资水平影响并非整齐划一，而是存在差异。钱文荣和姜励卿（2011）的研究表明，农民工的教育回报率存在明显的组间差异，教育对高收入农民工群体工资水平的帮助大于低收入群体，培训对高收入女性农民工的工资水平的帮助要大于低收入水平的女性农民工（钱文荣、姜励卿，2011）。

二、社会资本与工资决定

有关社会资本和农民工工资决定的研究包括：一是从不同层面指出了关系网络对农民工工资水平的影响，分别讨论了社会网络的社区层面、家庭层面和个体层面与农民工工资水平及决定的关系；二是分析社会资本对农民工工资水平决定的不同面向，一种是直接的正向影响，一种是直接效果不明显，但可以间接地产生正向影响，还有一种是具有负向影响。

不管是基于理论分析还是实证研究，大多数研究都支持社会资本有利于提高农民工的工资水平和劳动回报。赵延东和王奋宇（2002）指出社会资本对于农民工的经济地位获得比人力资本的作用更重要，农民工的人力资本发挥作用需要依靠社会资本作为媒介（赵延东、王奋宇，2002）。李树茁、杨绪松、任义科和靳小怡（2007）认为关系网络对农民工的目前收入有显著影响，弱主导的关系构成显著提高了农民工的收入，同时社会网络对社会转型期的中国农民工求职的效用很大（李树茁、杨绪松、任义科、靳小怡，2007）。何国俊（2008）认为社会资本能够有效地提高欠发达地区的男性劳动力的收入（何国俊，2008），宗成峰（2010）也认为社会资本在多数情况下对农村劳动力非农就业参与、非农工资收入有显著正效应，能够提高他们的非农工作收入（宗成峰，2010）。王珺和郑筱婷（2006）比较了广东和江浙地区农民工工资水平差异背后的关系网络约束作用，提出关系网络强约束会导致农民工工资水平偏高、关系网络弱约束会造成农民工工资水平偏低（王珺、郑筱婷，2006）这一社会事实。章元、李锐、王后、陈亮（2008）分析了家庭层面和社区层面的社会网络与农民工工资水平的关系，提出社区层面的社会网络对农民工的工资水平没有效应，而家庭层面的社会网络对农民工的工资水平不具有明显的直接效应，只具有间接效应（章元、李锐、王后、陈亮，2008）。陈云松（2012）在引入工具变量的基础上，证实了同村打工网的规模与农民工在城市中的收入具有正向因果关系（陈云松，2012）。

不过，也有很多研究指出，社会资本对农民工的工资水平没有作用。章元、李锐、王后和陈亮（2008）的研究进一步表明没有发现利用社会网络能够直接提高民工的工资水平的证据（章元、李锐、王后、陈亮，2008），即便是有影响，也只有非常微弱的证据（章元、陆铭，2009），李树茁、杨绪松、任义科和靳小怡（2007）也认为网络规模对农民工目前收入的影响不显著（李树茁、杨绪松、任义科、靳小怡，2007），刘林平和张春泥的研究也表明社会资本的变量对农民工工资水平没有显著影响（刘林平、张春泥，2007）。

更有研究揭示社会资本会降低农民工的工资水平。杨云彦和陈金永（2000）指出社会资本中的社会网络对外来劳动力的工资没有显著影响（杨云彦、陈金永，2000），赵延东等（2002）则进一步指出在求职过程中使用过网络的职工反而获得了更少的工资收入和职业声望更低的工作（赵延东、王奋宇，2002），王毅杰（2003）也认为网络机制可以降低流动农民的求职成本和风险，但也会制约他们获得更好的经济收益（王毅杰，2003）。黄乾（2009）提出，与以“自己找”形式求职相比，通过亲戚朋友介绍求职的农民工工资更低（黄乾，2009）。谢勇（2009）也指出通过过亲戚朋友等社会资本渠道获得工作的，其工资水平将低于那些通过其他方式获得工作的农民工（谢勇，2009），进一步来说，社会资本能够帮助农民工找工作，但不能提高农民工的工资水平，姚俊（2010）也认为社会资本对农民工工资没有明显影响（姚俊，2010）。

三、个体流动与工资决定

在市场经济条件下，职业选择和工作变动成为个体的自由，企业员工跳槽时有发生，很多研究表明企业员工队伍稳定有利于企业发展，日本经济的成功与企业实行终身雇用制密不可分。在中国，农民工工作频繁变动已经成为常态，农民工换工行为成为普遍现象。以往的研究结果显示：1992年外出农民工中，57.3%的人发生了再次职业流动；1993年外出农民工中，48%的人发生了再次职业流动（赵树凯，1996）。据北京大学1995年在广东东莞的调查结果表明，66.1%的民工进过两个以上的单位；1996年在全国范围内的调查结果表明60.7%的农民工发生了再次职业流动（李强，2003）。北京大学社会学系、中国社会科学院社会学研究所和农村发展研究所共同组成的课题组于2006年4月对广东省东莞市的农民工进行调查，其结果显示，“大多数工人都换过很多次工作”[①]。2007年对南昌市的农民工进行调查，调查结果显示，超过70%的农民工换过工作（宗成峰、朱启臻，2007）。从1997到2006年这10年中杭州市有19.9%的农民工就业发生了行业转移，在近11年中有21.3%的农民工就业发生了工种转移（朱明芬，2007）。2008年珠三角地农民工中有74.2%的人变换过工作，2009年有69.7%的人变换过工作，其中2008年珠三角地区农民工平均换工次数为3.5次，2009年平均换工次数为3.4次（刘林平、孙中伟，2011）。此外，除了在城市之间、不同企业之间的流动外，农民工还在城市和农村之间进行钟摆性流动：一是从农村流向城市，二是从城市回流到农村。

大多数研究显示，农民工不管是变动工作单位还是变动工作区域，都会增加他们的工资收入和提高他们的劳动回报。栾敬东（2003）和高文书（2006）的研究均发现，随着在本单位工作时间的增加，农民工的工资水平呈现出显著的上升趋势（栾敬东，2003；高文书，2006）；李萌（2004）的研究表明，在建筑业和自我雇用的情况下，农民工所经历过的职业（岗位）数量与其工资水平之间存在正相关关系（李萌，2004）；刘林平、万向东、张永宏（2006）以珠三角的农民工为例发现，工作单位变动的次数与农民工的工资水平之间呈正相关关系，农民工每一次换工作，都会带来工资水平的上升（刘林平、万向东、张永宏，2006）。严善平（2007）认为从流动和收入的关系来看，外劳的流动只在非正规部门内部有增收效果，从非正规部门流向正规部门或正规部门内部的流动都没有显著的增收效果（严善平，2007）。章元、李锐、王后、陈亮（2008）指出了农民工可以借助家庭层面

① 《农民工调查：怎么也滚不出这张桌子》，中国青年报，2006-9-11。

的社会网络增强自我流动的能力，经过较远距离流动能够找到更高工资的工作机会（章元、李锐、王后、陈亮，2008）。高颖（2008）提出随着农民工就业流动性的增强，其工资水平也不断跟上（高颖，2008），就农民工的工作流动和收入水平之间的关系来看，有流动经历的农民工比没有流动经历的农民工收入水平高，随着农民工进城时间的推移，流动使工资均等化程度提高（白南生、李靖，2008）。谢勇（2009）研究发现在控制住相关变量的情况下，随着就业过程中更换城市数量的增加，农民工的工资水平表现出显著的上升趋势（谢勇，2009），姚俊（2010）也认为随着农民工就业流动性增强，工资水平也不断上升（姚俊，2010）。

当然，也有研究指出流动并不一定带来高工资。杨云彦、陈金永认为职业流动对收入的提高似乎没有显著的影响，劳动力流动是工作不稳定的表现或结果，自然就无法缩小部门收入差距（杨云彦、陈金永，2000）。Sylvia Fuller（2008）通过对6 000个样本连续12年的就业情况进行研究并指出：换工作越勤的人，反而比工作相对稳定的人赚钱少。通常来说，在一份工作的前5年里，人们的工资与工作年限挂钩，其中男职员的工作年限每增加一年，工资会相应上调2.4%，女职员上调比率则是2.9%。当劳动者频繁跳槽时，有相当部分时间处于失业状态，这种情况就成为“就业空隙”，当“就业空隙”时间越长，出现频率越高，收入自然会下降。此外，大部分劳动者的工作变动是被解雇的，他们的跳槽行为是一种被动的选择，被解雇意味着可能会进入一个更低水平的劳动力市场求职。因此，Sylvia Fuller的研究并不支持“要想赚得更多，就去重新找一份工作”的想法（Sylvia Fuller，2008）。

四、性别因素与工资决定

在纯粹的劳动力市场中，劳动者之间的竞争环境是公平和自由的。在一个纯粹和没有歧视的自由竞争市场中，男女两性之间的工资差异源于男性劳动力与女性劳动力之间的劳动效率的高低。通常，男性劳动力的劳动效率高于女性劳动力，获得的工资回报自然会比女性劳动力高。现实生活中，由于文化、观念、历史、宗教、地域、制度等因素的存在及作用，工资水平存在着明显的性别差异，男女两性具有相同的劳动效率但收入水平差异明显。加里·贝克尔指出，在劳动力市场上，女性与女性的工资差额要比男女性之间的生产率差额小，劳动力市场上存在的性别歧视，导致在同等条件下，男性工资要普遍高于女性（加里·贝克尔，1957/1996）。中国的农民工劳动力市场也不例外，男性农民工和女性农民工在劳动力市场上获得的工资回报存在明显差异，一方面源于男女两性的性别特征差异，另一方面是由性别差异特征所导致的回报差异。

张丹丹（2004）指出从1989到1997年，在职女性和男性的工资差异拉大，对女性的工资歧视有继续扩大趋势；王美艳（2005）提出，歧视现象普遍且长期存在，导致女性工资水平普遍低于男性工资水平；尹善平（2007）利用调查数据研究发现在其他条件相同的情况下，男性工资收入比女性的要高出15%～30%。在方震寰看来，性别对来京农民工的工资收入有重要影响，女性农民工的工资收入仅占男性农民工的71%左右（方震寰，2008）。李实和杨修娜（2010）的研究指出男性农民工的平均月工资和小时工资都要高于女性。

还有研究显示，男女农民工工资水平的性别差异并非是性别因素直接作用的结果，而是性别通过中介变量对工资水平的性别差异产生影响。龚斌磊、郭红东、唐颖（2010）指出农民工工资水平的性别差异是通过婚姻对工资水平产生影响，已婚女性农民工工资比未婚女性农民工工资要低7.78%，已婚男性农民工工资比未婚男性农民工工资要高9.62%。

五、区位分布与工资决定

农民工的工作地点对他们的工资水平有重要影响，工资差异是造成农民工在不同地区和不同城市之间流动的重要原因。历年来各种调查数据均显示，长江三角洲地区农民工的工资水平和劳动权益均好于在珠三角地区工作的农民工。

2002年浙江省乡镇企业外来工的年收入集中10 000元以上，而同期珠三角地区乡镇企业外来工年平均工资大约在7 000多元，前者比后者高（梁健中、熊剑峰，2005）。2005年7月劳动与社会保障部课题组农民工课题组的研究报告表明：珠江三角洲地区农民工月平均工资绝大多数在600元左右，长江三角洲地区农民工月平均工资大约在650—750元之间，前者比后者略高（劳动保障部课题组，2005）。刘林平、万向东和张永宏基于2006年的问卷调查数据比较了珠江三角洲地区和长江三角洲地区的农民工工资水平差异：2006年珠三角地区农民工月平均工资为926.18元，长三角地区农民工月平均工资为1191.84元，长三角地区比珠三角地区高，同时珠三角的企业工作时间较长（9.86小时），长三角较短（9.01小时）（万向东、刘林平、张永宏，2006）。刘林平等基于2010年对珠江三角洲地区和长江三角洲地区农民工问卷调查的数据统计得出：珠三角的月平均工资为1 917.85元，长三角为2 104.06元，珠三角外来工的实际收入要比长三角低（刘林平、雍昕、舒玢玢，2011）。

农民工工资水平的地区差异，一方面与包含管理制度和治理方式在内的制度环境有关。在长三角地区，具有社会主义传统（国有企业）和社区人际关系网络（乡镇企业）的企业较多，这两类企业劳资关系的处理模式不是纯市场取向的，而可能是受社会主义传统影响并嵌入社区结构和人际网络之中的“人情型”模式，因而工人劳动权益状况较好，农民工的工资水平也相对较高（万向东、刘林平、张永宏，2006）。另一方面，也与企业中本地工人的比例密切相关，这可以从当地经济和市民权益概念来展开解释。通常，本地经济在经营活动和企业管理过程中，会倾向于依赖本地社会关系进行管理，而不依靠国家法律作为管理依据；市民权益是指附属在本地户籍基础上的各种福利性安排，外地户籍不能享有。对于长三角地区的企业来说，企业招聘了相当数量的本地工人，对这些具有本地户籍的工人管理就不能够严格按照规章制度，而需要考虑社区反应和市民身份，使得管理更加人性化和更加柔性，这种管理风格自然也会衍生到外地农民工身上，造成了长三角地区农民工的工资水平普遍高于珠三角地区农民工的现象（刘林平、雍昕、舒玢玢，2011）。正如王珺和郑筱婷（2006）的研究所指出的：“广东是外向型经济的典型和全国外来务工人员最多的省份，而浙江则是草根民营经济的典范，扎根于社区的企业家和政府要比外来的企业家和管理外来劳动力的政府更多地考虑劳动者效用或对于劳动者有更多的同情心。”①

六、制度歧视、社会排斥与工资决定

理想状态的劳动力市场是指有完全竞争、就业信息充分，工作搜寻和迁移没有成本等特征，不同劳动力资源在不同职业和地区中自由流动，直到所有劳动力都可以拥有相同的工资水平（James P.Smith和 Finis R.Weleh，1977）。现实生活中，理想状态的劳动力市场并不存在，即使在比较完善的劳动力市场和政府规制下，由劳动力歧视所造成的工资差异也比较普遍（王美艳，2005）。劳动力市场分割理论已经指出市场的非同质性和区隔性，当前存在一个工资收入水平高、教育回报高和职业晋升环境好的一级劳动力市场，也存在一个工资收入水平低、教育回报低和职业晋升短缺的二级劳动力市场。不同的劳动力市场，对应着不同的工资水平和职业晋升机会，并且两者之间存在鸿沟和分歧，一旦进入一级劳动力市场，就能够获得较好的工资回报和福利待遇。

农民工作为新生的社会阶层，本质上是因应中国市场转型而出现，在城市社会的地位和角色会受制于市场、制度和社会等多重因素的制约，处在劳动力市场的低端或边缘。户籍制度和二元社会体制是研究大陆劳动力迁移的前提，户籍制度建构的农民工身份决定了进城工作的农民工不能享受城市居民同等的工作、居住和教育权利（Tiejun Cheng、Mark Selde，1994），非农业人口在经济上好于农业人口，在机会、地位在也高于农业人口，户籍制度最终造就了农业人口和非农户口居民之间的社会隔离和社会不平等（Kam Wing Chan、Li Zhang，1999）。C. Cindy Fan（2002）指出：在中国劳动力市场中出现了一个等级鲜明的机会结构，处在机会结构顶端部位的是城市永久移民，处在中间位置的是非城市移民，位于低端部位的是短期移民。与机会结构位置相匹配，城市社会也相应由城市精英群体、本地居民和外来者这三大群体构成。从20世纪70年代末期开始，城市社会逐渐从单位制总体性社会向当前社区制多元化社会转变，不仅改变了城市的区位特征，而且也影响

① 王珺、郑筱婷，2006，《广东和江浙地区外来工工资的比较研究：来自关系约束模型的解释》，《管理世界》第8期。

了城市社会的人口构成和职业分布。户籍制度作为一个关键的制度安排，形成了一套不同的身份体系，使得农民工和城镇居民在社会福利、社会保障和市民待遇上存在差异。吴晓刚和特雷曼（2007）指出户籍制度既保证了乡村的高流动率，又造就了中国城市表面的“开放性”，但当前的乡城流动多属于水平层面的流动，在制度政策的挤压下，流动人口最终改变不了回流农村的命运。同时，农民工二代改变不了向下流动的宿命，受制于户籍制度的约束，农民工父代的城市流动和城市工作经历与子代城市就业低度关联（Xiaogang Wu 和Donald J. Treiman，2007）。

与户籍制度的区隔相伴随，城市的劳动力市场分割非常明显，存在着“二元的社会结构、二元的经济结构和二元的劳动力市场”（李春玲，2006），中国的农民工处在“次属劳动力市场”（李强，2000）或者是属于“非本地户籍、体制外、二级劳动力市场中的体力或半体力工人”（李春玲，2006），而城市居民大多位于“首属劳动力市场”（李强，2000）或者“体制内和一级劳动力市场”（李春玲，2006）。外来的民工、非本地的城镇居民、本地居民往往只能进入特定的市场阶层（严善平，1997；杜鹰和白南生，1998；姚洋，2001；严善平，1993；1997）。Wang Feng和Zuo Xuejing（1999）的研究指出，在同一阶层内部的单位之间，人员流动的可能性较大，但是在不同的阶层之间，人员流动却要少得多，尤其是缺少自下而上的上升流动。Meng Xin和Miller（1995），Meng （2000）和严善平（2001；2005）利用问卷调查的微观数据，在测算农民工和城市居民的人力资本回报率的基础上，提出了城市劳动力市场存有明显的阶层化现象。南亮进和牧野文夫（1999）通过分析农民工和城市居民的就业形态、工资差距及意识结构之间的差异，提出城市劳动力市场因户籍制度的存在而严重地呈现了阶层化的状态。某种程度上，城市劳动力市场中本地的和外来的劳动力的制度性分层，已成为普遍存在的社会现实（杨云彦，1996）。

农民工以农业人口的身份进入城市劳动力市场就业，在户籍制约、制度短缺和社会排斥下成为城市社会的边缘群体，不仅表现在他们无法同等享有城市居民的就业权、社会保障权和市民权，更直观地是农民工在职业获得和工资收入所遭受的歧视。早期研究指出农民工在城市所获得的不平等待遇和所遭受的社会排斥源于制度不公平所带来的“制度歧视”（卢周来，1998；蔡昉，1998）。此后，随着中国逐渐融入世界经济体系和中国制度转型的快速发展，约束和制约农民工在城市就业的制度障碍越来越少，保障农民工平等就业权和社会保障权的政策不断完善，农民工共享经济社会发展成果的制度保障水平越来越好，但农民工和城镇居民的工资差异依然存在。

进一步来看，农民工与城市居民分属不同的劳动力市场，即城市居民位于城市的首属劳动力市场（或初级劳动力市场）和次属劳动力市场（或次级劳动力市场），农民工位于次属劳动力市场不仅决定了农民工低工资陷阱的社会事实，而且也体现了城市政府和劳动力市场对农民工的工资歧视。宋洪远、黄华波和刘光明（2002）认为户籍管理歧视、就业制度歧视、社会保障歧视和教育培训歧视是农民工在城市遭遇的四种歧视。作为劳动力市场上的后来者，农民工在工作岗位获得上会受到“进入”歧视，在工资决定上遭遇“同工不同酬”的待遇（王美艳，2005），农民工很少能够从非正规部门流动到正规部门，即便是从非正规部门流向正规部门或正规部门内部的流动很难产生显著的增收效果（严善平，2006）。

在制度歧视和社会排斥的共同作用下，农民工的平均劳动收入水平显著低于城镇职工，收入水平仅占城镇职工的80%，但一周的平均工作时间却是城镇职工的1.25倍（邢春冰，2008）。具体到农民工与城镇居民的收入差距，基本上都与制度歧视，尤其是与户口排斥有关。Meng（2010）指出上海市民和外来人口工资差的47%-96%来自人力资本等要素以外的制度歧视，主要是户口；Meng 和 Zhang（2001）进一步研究表明农民工和城镇居民50%的工资差异是由户籍歧视造成，但考虑职业隔离的分解，则未解释部分所占的份额高达l10%。此外，他们的研究还显示外来劳动力与城市户籍劳动力工资差异的82%是由职业内的工资差异产生的，职业间的工资差异对两者工资差异的影响只占18%（孟昕、张俊森，2001）。王美艳（2003）运用oxaaca工资差异分解模型测出农村劳动和城市本地劳动力的工资差异中76%的部分可用歧视来解释，姚先国、赖普清（2004）则指出农民工与城市居民工资差的30%来自户口歧视，后来王美艳（2005）进一步指出农业迁移劳动力和城市户籍劳动力总工资收入差异中的57%是由个人禀赋差异解释，而剩余的

43.0%属于不可解释部分（王美艳，2005）。

谢嗣胜、姚先国（2006）通过分析农民工和城市工人的工资歧视决定机制指出，农民工和城市工人的工资差异中的55.2%要归结于歧视性因素，其中直接歧视占工资差异的36.2%；反向歧视占到工资差异的19.0%。胡建国（2007）认为户籍歧视所造成的城乡工人工资差异为66.9%；姚先国、李莉、张海峰（2008）指出农民工在城市劳动力市场中遭受的同工不同酬待遇的内含的不可解释部分占总工资差异的40.89%。李骏、顾燕峰（2011）进一步指出同属农村户籍的劳动力，但外地农民工比本地农民遭遇的歧视更严重，在收入水平上形成了抑此扬彼的关系（李骏、顾燕峰，2011）。此外，李实、杨修娜（2010）认为，城市劳动力市场中，男女两性农民工之间存在的工资差异和工资率差异，绝大多数是由歧视和其他不可观测因素导致，并且女性农民工在工作过程中实现人力资本积累的速度和质量远不如男性农民工。

七、工会支持、合同保护与工资决定

农民工工资受制于宏观的制度环境和中观的组织制度影响，其中宏观的制度环境主要是指劳动力用工制度，中观的组织环境是指企业的用工制度。既包括不利于农民工工资权益的制度障碍和制度区隔，也包括大量维护农民工工资权益和增进农民工合法权利的保护性制度干预，前者以二元户籍制度为代表，后者以劳动合同法和最低工资标准为代表。目前国内已有的研究结论均支持工会和劳动合同对农民工工资水平的正向支持作用。

（一）工会支持

多数研究都认同工会对工人的工资有正面支持效应，但这种正面效应又可以区分为静态观和动态观两种立场。一种认为工会对工人工资有支持效应，及其工会能够通过集体协商或谈判的方式从政府、企业和资本家手中争取工人的利益。Keynes（1983）认为工会有助于工资刚性，也可以提高雇用工人的工资，实际上有助于维护在市场经济中企业与工人博弈过程中分散的工人权益。Marshall（1964）认为集体谈判是将政治行动嵌入经济利领域的一项制度和劳工市场上的一种社会权利，工会可以将公共市民身份变成市场与契约的私人范围内的政治经济行动者，并且能够代表工人利益工会通过集体谈判的方式与政府、企业和资本家的协商可以维护工人的利益。

另一种则指出工会对工人工资有支持效应，但这种效应是动态的，会随时间和群体不同而发生变化。格雷格·刘易斯（1963）通过粗略分析提出工会的工资效应平均是10%～15%，并且其大小因时间变化和工人群体不同而存在明显的差异。工会对工人工资的支持效应与经济周期性发展有关，当经济发展处于上行期，则有助于提高工人工资，但经济发展处在下行期或遭遇通货膨胀时，则对工人工资作用不大。此外，工会对劳动密集型企业，如民航、煤矿等等技术工人影响较大，但对非技术工人及竞争性行业中的雇员的影响较小（格雷格·刘易斯，1963）。理查德·B.弗里曼和詹姆斯·L.梅多夫（2011）则利用美国的实证资料证明了工会对工资效应的程度随着人群、市场和时期的差异而不同，“在所有情况下，参加工会的劳动者要比未参加工会的劳动者得到更高的报酬，20世纪70年代，典型的工会工资效应通常介于20%～30%之间；从年龄看，年轻劳动者效应要比老年劳动者大；从性别看，男性效应比女性效应要大；从种族来看，非白人效应要比白人效应大；从职业来看，蓝领工人效应比白领工人效应要大；从地区来看，组织程度较低的南部和西部效应要比东北部和中部效应大。尤其是在20世纪二三十年代，工会的工资优势明显扩大，在1930年工会会员的工资比非工会会员的工资高46.0%。”①

国内实证研究也表明，经济全球化背景下兴起的生产守则运动强调工人只有组建工会，才能真正保护自己的权利（余晓敏，2007）；只有发挥工会的谈判角色、监督角色和参与角色，才会形成对政府和资本的制衡，才能够保护农民工的合法权益（游正林，2006；2010）。姚洋、钟宁桦（2008）在全国12个城市1 268家企业进行问卷调查的数据的基础上，提出参加企业工会的员工比没有参加企业工会的员工，平均每小时工资高0.94元，在控制内生性变量的基础上，工会可以显著提高工人的每小时平均工资，缩短每月平均工作时间和提高企业养老保险覆盖率，这一研究揭示了工会具有较为全面的正向保护作用。

---

① 理查德·B.弗里曼和詹姆斯·L.梅多夫（著）、陈耀波（译），2011，《工会是做什么的？美国的经验》，北京：北京大学出版社。

（二）合同保护

目前，国内大量经验研究成果表明，《劳动合同法》能够保障员工的合法劳动权益（罗润东、王杰，2009；王杰，2009；张东辉、王杰，2009；王一兵、张东辉，2009）。孙丽君、李季山和蓝海林（2008）提出劳动合同管理状况和员工基本劳动权益维护正向影响企业绩效，企业与员工签订劳动合同对双方都有利，能提高企业业绩和增加员工收入。龚斌磊、郭红东、唐颖（2011）的研究也指出劳动合同对农民工有保护作用，且农民工签订劳动合同年限越长，工资水平就越高，有一年及以内劳动合法的农民工，其工资水平较没有签订劳动合同的农民工高7.26%。陈祎和刘阳阳（2010）利用博弈论证明了签订劳动合同可以提高农民工的收入，签订合同的农民工月收入比没有签订劳动合同的农民工高347.19 元，有签订劳动合同的农民工小时收入要比没有签订劳动合同的农民工高21.6 元。

对于劳动合同的保护功能，有学者持不同态度。基于劳动合同法律约束条件的解读和对真实世界制度环境的考虑，有学者指出《劳动合同法》会导致“铁饭碗”时代的回归（张五常，2009）。刘林平和张春泥（2007）通过对珠江三角洲进城务工人员问卷调查资料的回归分析，构建了一个决定进城务工人员工资水平的模型，发现合同对于收入的影响并不显著。唐跃军、赵武阳（2009）通过统计模型显示，《劳动合同法》通过加强解雇保护，能提高知识型员工的努力程度，增加知识型员工和企业的收益；与此同时，也会降低体力型员工的努力程度，减少劳动密集型企业的收益。从另一个角度来看，《劳动合同法》提高了在职体力型员工的收益，却导致了企业企图压缩体力工作岗位，进而使得体力型员工丧失就业机会。可见，对于高端劳工市场，《劳动合同法》能够促进形成国家、企业和员工“三赢”的局面；对于低端劳工市场，则可能导致“三输”局面（唐跃军、赵武阳，2009）。此外，刘林平、陈小娟（2010）通过经验研究指出，制度压力越大的企业，农民工的劳动合同签订率越高。他们认为，在中国现有制度安排下，劳动合同不是西方意义上的工资谈判工具，只不过是劳资关系合法化的象征，劳动合同的符号作用大于实际意义。

八、国内工资决定实证研究的总结与反思

国内有关农民工工资决定的实证研究大致分为两种取向：一种取向是从理论角度和政策层面研究了劳动力市场分割、制度区隔、歧视和排斥等因素对农民工低工资水平和劳动收入不合理的影响，从而在制度、市场和社会分层等层面澄清了农民工工资决定的运作机理；另一种取向是利用问卷调查数据和定性调查资料尝试着建立涵盖个体特征、人力资本、社会资本、企业特征、制度环境、国家干预、市场分割、地理区位等因素的综合统计分析模型，进而弄清楚不同因素变量对农民工工资水平的作用方向和作用程度，最终总结和归纳出农民工工资决定的因果机制和影响机理。其研究结论大致可以总结如表2.2所示。

表2.2　农民工工资决定及影响机制

影响因素	作用方向	代表性结论	作用机制	关系类型
人力资本	正向影响	教育程度对农民工工资有正向影响 培训经历与工作经验、工龄对农民工收入有正向影响	个体机制	单一关系
社会资本	正向影响 负向影响 没有影响 通过中介变量影响 关系不明确	社会资本直接作用：对农民工工资有正向影响；有负向影响或没有影响 社会资本间接作用：对农民工工资有正向影响 社会资本对农民工工资影响不明朗	个体与组织机制	多元关系
市场分割	负向影响	农民工处在次级劳动力市场和非正规部门决定了农民工低工资水平的事实	市场机制	单一关系
社会排斥	负向影响	户籍歧视	社会机制	单一关系
地区差异	负向影响	地方政府治理 （以长三角地区为参照）	区域差异机制	单一关系
制度环境	正向影响 负向影响	工会制度提高收入 制度区隔降低收入	制度与组织机制	正负关系
工作流动	正向影响 中介影响	流动可以提高工资 工作变动导致收入降低	社会流动机制	正负关系
性别差异	男性正向影响 女性负向影响	性别差异造成男性农民工工资收入高于女性农民工	自然和社会复合机制	共生的正负关系

经过改革开放几十年的发展，中国的农民工群体在劳动力市场遭受歧

视和排斥的局面因劳动力供求关系变化和市场消费需求关系变迁已经极大改善，农民工作为城市社会的边缘群体和社会排斥对象也因制度改革和政策调整得到了极大改善，地方政府角色从发展型向保护型转变、企业管理的日趋人性化和农民工权利意识觉醒也都深刻影响和改变了农民工工资水平的走向。早期的国内研究关心劳动力市场分割和户籍制度对农民工工资的影响，在次级劳动力市场就业的农民工的工资水平远远低于在一级劳动力市场就业的城镇工人，在非正规部门就业的农民工其工资水平远远低于在正规部门就业的农民工，农业户籍的外来人口其工资水平远远低于具有非农户籍的城镇人口；接着，不同地区就业的农民工，其工资水平和劳动收入也存在差异，诸多研究均揭示珠三角地区农民工的工资水平和工资权益要比长三角地区农民工差，这涉及政府保护、制度政策和集体主义传统存在差异，也与不同地区企业的管理模式、组织价值、关系网络和本地工人比例有关；其中个人特征、人力资本和社会资本是研究农民工工资水平决定机制中使用频率最高的变量，不同研究得出的研究结论存在差异，既有人力资本和社会资本对农民工工资水平有正向支持的结论，也存在人力资本和社会资本对农民工工资决定存在负向影响或没有影响的结论，更有研究更加深入揭示了人力资本和社会资本对农民工工资决定的作用要有更高一层面的结构或制度变量做支撑，或者是需要通过中间变量的媒介作用才能够产生影响；追求涵盖微观层面和宏观层面变量的农民工工资决定的综合模型是大多数研究的共同特征，通过纳入各种制度、结构、环境、市场、身份、企业、地区等变量的作用来研究不同变量对农民工工资决定的作用机理和影响机制，从而获得能够较为全面理解和认知农民工工资决定的结论。

总之，在马克思那里，工人的工资是由生产、发展、维持和延续劳动力所必需的生活资料的价值来决定的（马克思，1972）；新马克思主义者布洛维（1985）进一步提出移民工人的低工资仅仅涵盖当一个单身工人受雇时维持他自己的费用；沈原（2006）在布洛维的基础上进一步推论，认为农民工的工资收入多半只包括了他们自身劳动力再生产的费用。然而赡养老人、抚育后代、居住、教育甚至医疗等费用，大多并未计算在他们的工资收入内。上述这些通常会交由他们在农村地区的家乡来承担。因此，农民工的工资本质上是拆分的，这源于农民工的劳动力生产是在城市工作过程通过工资与劳动回报实现的，而农民工的劳动力再生产则是在户籍所在地完成的，这种劳动力生产和再生产分离的现实表明，我们看待农民工的工资水平和工资决定应该结合市场因素和政府因素来细致思考，在农民工工资结构及决定过程中，市场因素究竟起了什么作用，农民工有无共享市场发展和经济进步的成果，政府因素的作用程度怎样，行政干预和政府治理对农民工的工资有无起到基础性作用。

第三节　前人研究的反思及本土性适用

工资决定既是劳动经济学的研究重点，也是政治学、管理学、社会学等学科关注和研究的重要对象，农民工工资决定的研究涉及经济学、管理学、政治学和社会学等学科，但有关工资决定的理论研究基本集中在经济学领域，尤其是古典经济学、新古典经济学和新制度主义，马克思主义也对资本主义工资决定有过深入研究。不过，所有有关工资决定的理论研究都是西方学者基于西方资本主义市场经济的发展经验和变迁历程，在一个不存在二元户籍制度的劳动力市场来研究劳动者与企业厂商围绕利润分配而展开研究，这既不同于中国的政府主导的社会变迁和国有经济为主体的市场转型，也不同于二元户籍制度制约下劳动力市场的内部分化和城乡分野，中国农民工独有的制度身份和市场角色不能完全套用资本主义经济体系下的工资决定理论，而应该建立适应中国国情和社会主义市场经济的工资理论来加以解释。

不同于任何一个发达资本主义国家或其他发展中国家，中国政府对市场经济的介入范围之广和干预程度之深是当前任何市场经济体系都不可比拟的，地方政府既是公共服务和集体消费品的供给者，又是地方经济发展的主导者和竞争者，政府的双重角色同样可以折射出农民工在政府治理和市场运行中的双重身份，一方面，二元户籍制度限定了农民工以农民身份从事非农劳动的社会属性，由于缺乏足够的途径改变身份，农民工劳动权益受损和市民权益被剥夺的状态就会继续存在；另一方面，市场经济赋予了劳动者充分的自由流动权和职业选择权，农民工作为市场经济的劳动主体身份得到充分尊重，但由于农民工处在城市社会的次级劳动力市场或非正规经济部门，虽有流动、选择和就业的自由，但无法获得跟城市居民同等的劳动回报和工资收入。

农民工制度身份和市场身份的特殊性决定了简单套用西方工资决定理论并不恰当，虽然农民工多在市场化程度很高的部门就业，但是农民工工资决定却在不同程度上受到了政府的行政干预，农民工工资水平是由经济发展水平、政府及其他因素共同决定的影响的。经济发展水平是决定农民工工资的基础性力量，改革开放几十年的发展也使得农民工工资稳步提升，并且农民工日益增加的工资水平和不断提高的工资期望也对劳动力市场和区域经济发展造成了一定的压力，劳资双方博弈关系初具雏形。随着中国市场化程度和现代化水平不断提高，农民工工资水平及决定机制必将日益接近由普通劳动力市场的供求状况来确定。

2008年实施的《中华人民共和国劳动合同法》在事实上维护了农民工的合法权益，增加了农民工的工资水平，提高了雇主追求短期利益的代价，从根本上保护了劳动者包括农民工的合法权益。1994年以来实施的最低工资标准对农民工的劳动权益发挥了重要保护作用，确保了农民工的基础权益得到切实保障。中国政府利用劳动合同和最低工资标准介入农民工的工资决定从而达到保护农民工利益的目的，这种行政干预劳动力市场的做法在研究农民工工资结构及决定过程中需要引起重点关注。

第三章　研究设计

第一节　核心概念

一、农民工工资总量与工资结构

农民工作为市场经济的劳动主体，他们所获得的工资水平不仅体现了他们的劳动贡献，而且也反映了一定历史发展阶段的制度因素和社会因素，从中国市场经济发展的实际情况和企业运作的现实来看，农民工工资即农民工的劳动所得，是指用人单位依据国家有关规定、社会经济发展水平和劳动关系双方的约定，以货币形式支付给农民工的劳动报酬，一般包括基本工资和加班工资。

基本工资是农民工完成其工作岗位上要求的劳动任务所获得的劳动报酬，是劳动者收入的主要部分，在很大程度上决定着农民工的生活水平，基本工资同时也是计算农民工其他工资收入的基础。其中基本工资由基础工资、职务工资、年功工资（工龄工资）和技术技能工资组成。通常来讲，基础工资作为提高农民工及家庭生活的基本物质需要，满足农民工家庭的基本生产需求，不应低于国家或地区规定的最低工资标准；职务工资体现农民工在工作岗位上责任轻重和工作难易程度，并且职务工资标准会因职务不同而有所差别，通常能够反映人力资本的积累情况；年功工资主要反映农民工的积累贡献，其在工资总额中所占比重较低，但对稳定农民工群体有一定作用；技术技能工资体现了农民工所掌握的知识和技能水平，技术技能工资的多少应依据劳动力市场上技术工人的供求情况及企业所需技术工人的数量和等级来确定。不过，就中国企业农民工的情况来看，大多数农民工进厂或进入企业之前，厂商会和农民工约定一个基本工资水平，这个基本工资水平就构成了企业农民工的基本工资。

加班工资是企业支付给农民工在法定的劳动时间以外提供劳动所应得的报酬。关于加班工资的支付，我国劳动法已有明确规定。就中国目前的现实情况来看，企业农民工在规定的劳动时间之外，多数会选择加班，通过延长劳动时间来提高工资水平。因此，企业农民工在规定时间以外的加班所得就叫加班工资。

从结构上来看，农民工工资包括基本工资和加班工资；从总量上来看，农民工工资水平等于基本工资和加班工资之和。基本工资是企业依据国家相关制度政策规定、当地经济社会发展水平、企业规章制度和劳动合约规定计算得出的；加班工资是农民工在正常工作时间之外的劳动所得。两者加总构成企业农民工的工资总量，两者并列则构成农民工的工资结构。

二、最低工资标准

最低工资作为国家以立法的方式干预企业工资分配的一种制度（彭仁贤，韩兆洲，2011），其目的是通过政府干预减少经济自由发展的不确定性和保护弱势劳动者在利益分配过程中的合法权益。自1894年颁布以来，被全世界80%以上的国家采用，作为维持劳动者最低生活标准的依据。经过全世界100多年的实践发展证明，最低工资制度对于治理劳动力市场、调节劳资关系和保护劳动者权益有重要作用。

一般来看，衡量最低工资标准有三个指标：一是最低工资跟人均GDP的比率，体现一个国家劳动力的价值；二是最低工资与职工平均工资的比率，表明分配是否公平；三是最低工资的增长比例和调整频率，显示政府对低收入群体的关注和重视情况。1993年11月24日劳动部印发的《企业最低工资规定》，提出“劳动行政主管部门对本行政区域最低工资制度的实施实行统一管理”[①]，这标志着最低工资标准开始在中国建立，1994年《劳动法》确立了最低工资标准制度在我国的基本法律地位。2004年11月，西藏颁布当地的

① 《最低工资规定》，劳动部〔1993〕1333号。

最低工资标准，至此，我国所有31个省、自治区和直辖市全部建立了各自的最低工资制度。其中有23个省（区、市）还制定了小时最低工资标准，26个省（区、市）在制定最低工资标准时，把劳动者应缴纳的社会保险费用、住房公积金（三险一金）作为参考因素。

最低工资标准作为国家干预劳动力市场和保护一线劳动者劳动权益的政策制度，日益受到国家重视，也对劳动力市场和劳资关系产生了重要影响，对决定农民工工资总量增长和工资结构走向发挥了重要作用。

三、农民工工资结构的操作化

当前，学术界和社会舆论就农民工低工资的社会事实已经达成共识，但对于农民工工资决定机制则存在各种各样的解读。经济学侧重从人力资本、劳动力供求关系、劳动力市场分割等角度论证市场因素对农民工低工资水平的作用，管理学研究了制度区隔、政策歧视、户籍等制度因素对农民工工资决定的影响，社会学研究关注阶层地位、关系网络、社会排斥、歧视等社会因素跟农民工工资决定的关系。尽管研究的学科视角不同，关注的核心变量存在差异，但界定农民工工资概念和对农民工工资概念进行操作化是所有研究的前提和基础。

实际上，大多数实证研究多以调查问卷中直接询问农民工的月收入或者是年收入是多少作为因变量，也有研究将问卷调查中获得的农民工上月工资、最高月工资、最低月工资和一般月工资进行加总求平均值作为因变量。从已有研究成果来看，当前有关农民工工资决定的研究具有两个特点。

一是普遍采用年收入、月收入或小时工资作为因变量来探讨农民工的工资决定机制，基本属于总量分析（杨云彦、陈金永，2000；李萌，2004；谢嗣胜、姚先国，2006；刘林平、张春泥，2007；白暴力，2007；丁守海，2008；姚先国、李莉、张海峰，2008；谢勇，2009；章元、陆铭，2009；黄乾，2009；李实、杨修娜，2010；李晓峰、王晓方、高旺盛，2010；姚俊，2010；龚斌磊、郭红东、唐颖，2010）。当然，在因变量使用细节上，会存在差异。白明（2007）使用年收入作为因变量；张杨珩（2007），宗成峰、李茜（2008）使用月收入作为因变量，刘林平、张春泥（2007），方震寰

（2008）使用被访者上个月的收入作为因变量，谢勇（2009）将将农民工上个月工资水平区分为“850元及以下”“851～1200元”“1201～1500元”和“1 500元以上”四个等级作为因变量；高文书（2006），卢志刚、宋顺锋（2006）和龚斌磊、郭红东和唐颖（2010）用平均每小时收入为因变量；万向东、孙中伟（2011）和刘林平、张春泥（2007）通过综合计算上月平均工资、一般最高月工资、一般最低月工资的平均值作为因变量。

二是鲜有研究采用工资结构的研究思路，将农民工工资总量拆分为基本工资和加班工资，并分别作为因变量进行分析，进而探讨农民工工资结构及决定。前人研究农民工工资决定时，注意力集中在如何设计更科学地测量农民工工资总量的指标，因此出现了划分收入等级的定序区分，将不同工资收入加总取平均值等测量方法，但至今没有学者探讨农民工工资结构问题，也没有研究将工资结构和工资总量相结合进行系统研究。

不管用年收入界定农民工的工资水平，还是用月收入界定农民工的工资水平，还是用小时工资界定农民工的工资水平，还是通过加总取平均值，都只不过变换了农民工工资水平的询问方式和计量方式，均没有涉及工资结构问题。然而，农民工工资总量的变化趋势与基本工资、加班工资的变化趋势可能会存在不一致，研究农民工工资总量的结论可能不一定适用农民工工资结构。因此，有必要从总量变化和结构变化两个维度对农民工工资决定进行探讨。

四、研究思路

（一）农民工工资总量分析要与工资结构分析相结合

在统计分析过程中，笼统地运用年收入、月收入或小时收入作为农民工工资的操作化指标，进而分析不同变量对农民工工资决定的影响，这在实际上是将两个不同的工资概念纳入一个统一的概念体系中进行分析，忽视了组间差异，混淆了概念边界。基本工资与加班工资的理论内涵和决定机制可能存在，在问卷调查过程中需要同时调查，在统计分析过程中需要拆分研究和整合解释。

（二）加班工资对理解农民工工资结构具有重要价值

加班对农民工来说是一种普遍的社会事实和广泛存在的个人行为，加班时间构成了农民工劳动时间的重要组成部分，加班工资自然也成为农民工工资收入的重要构成。早期的研究有意或者无意忽视了农民工工资构成中基本工资和加班工资各自的特征及决定基本工资和加班工资的不同逻辑和机制存在的差异，通过将农民工工资总量和工资结构分析相结合，分别讨论农民工工资总量、基本工资和加班工资的影响机制，有助于我们更好地理解农民工低工资社会事实背后的因果机制，以及加班工资对农民工提高收入的价值和意义，同时也能够更好地帮助我们找到最低工资标准的干预方向和作用方式。

（三）拆分研究和统合解释可以更好地呈现农民工工资总量和工资结构的发展态势和内在规律

首先，需要拆分研究。企业农民工工资作为劳动力劳动的报酬，通常由基本工资和加班工资构成，不能简单地视为一个统计总量，可以进行并列分析。农民工工资低是基本工资低，还是加班工资低，是基本工资工资低导致工资总量低，还是加班工资低导致工资总量低，需要进一步澄清；影响农民工基本工资的因素和机制是否同样适用加班工资，决定农民工加班工资的变量和机理是否同样适用基本工资，不同变量对农民工基本工资、加班工资和工资总量的决定方向是否存在差异；基本工资和加班工资，受行政干预因素和经济发展因素的影响是否一致。诸如此类的问题，总量分析无法解释，需要拆分研究。

其次，在拆分研究的同时，也需要进行统合解释。第一，在分析不同因素对农民工工资总量、基本工资和加班工资的影响基础上，要寻找同一变量的不同作用机制，有必要将所有研究结果进行比较分析和整理理解；第二，考虑到农民工深受制度与经济发展的双重制约的实际情况，要在对农民工工资的拆分研究中纳入宏观的制度因素和经济发展因素的作用，在分别探讨不同因素作用的同时，要将作用结果进行比较分析和整体理解。

第二节 研究设计

一、研究起点

现实层面来看，农民工工资作为农民工最重要的劳动权益，不仅受到了政府的重视，而且也成为了学界研究的热点。大多数研究均显示了农民工工资呈逐渐增长的趋势，尤其是在2004年“民工荒”现象出现后，国家不断强化最低工资标准和推动实施新劳动合同法，农民工工资上涨态势更为明显。问题在于，早期的研究都只从工资总量角度对不同地区、不同省份、不同年份和不同行业的农民工工资进行比较和研究，既缺少结构研究视角，也没有将总量分析和结构分析结合起来进行思考。简单的统计分析表明，在农民工工资总量增长的同时，基本工资占比和加班工资占比呈现差异化发展态势，并且基本工资和加班工资比重变迁还与经济的周期性发展密切相关，外部的经济发展形势会导致基本工资和加班工资呈现出此消彼长的差异化发展态势。

因此，在延续前人研究的基础上，本书力图在农民工工资总量研究的基础上，引入结构分析的视角，将工资总量和工资结构结合起来进行讨论，重点分析形成定论的变量对农民工基本工资和加班工资的作用机制，并在现有变量研究基础上引入二层次的最低工资标准变量和地区人均GDP变量进行多层次模型分析，从而建立一种农民工工资拆分研究和统合理解相结合的研究方式。

二、研究框架

在封闭的工厂体制中工作的企业农民工，其工资由基本工资和加班工资构成，基本工资作为一种刚性工资，受劳动力市场供求关系影响较小，而加班工资作为一种弹性工资，受劳动力市场供求关系影响较大；其中，刚性的基本工资受行政干预影响较大，同时与农民工所在的企业规模和工作岗位密切相关，而弹性的加班工资受市场经济发展水平影响较大，同时与农民工的工作时间和劳动付出密切相关；此外，基本工资作为企业依据最低工资标准设置的“底线工资”或“地板工资”，更多地与不同地区的最低工资标准干预程度有关，加班工资作为企业依据劳动力市场供求关系和工厂赶工制度而设置的“市场工资”，更多地与劳动时间和劳动能力有关。因此，在农民工工资结构中，弹性的加班工资取决于农民工的个体能动性和经济发展水平，劳动时间越长，弹性的加班工资越多，对提高农民工工资总量的作用越大，地区经济发展水平越高，加班机会越多，加班工资就越高；刚性的基本工资取决于区域性的制度设置，作为政府干预农民工工资权益的最低工资标准越高，刚性的基本工资就越高。

在某种程度上，农民工的基本工资受制度干预明显，遵循最低工资标准定价机制，加班工资是正常上班时间之外的劳动所得，遵循投入与产出的市场定价机制。农民工的工资结构受行政干预和经济发展的双重直接约束，而非简单通过集体议价和劳资博弈得以提高，需要政府重视和政策支持提高最低工资标准，需要企业资方遵循市场供求规律提高加班劳动报酬标准，而政府的制度设置是前提条件，市场定价的上限通常会基于政策标准的下限，没有基础性的制度变迁和政策调整，农民工工资的市场化就不会实现，农民工的低工资水平陷阱就会长期延续。

遵循以往的农民工工资实证研究范式，本书试图建构以农民工工资总量、基本工资和加班工资的对数为因变量，以个体层面的特征变量、人力资本变量、社会资本变量、企业与工作变量、地区与产业变量、月最低工资标准（二层次变量）和地区月人均GDP（二层次变量）为自变量的统计模型。在本书中，以农民工月工资为因变量的统计模型称为农民工工资总量模型，以农民工基本工资和加班工资为因变量的统计模型称为工资结构模型。考虑到农民工工资结构模型是本研究关注的重点，在一水平回归模型基础上，引入最低工资标准和地区人均GDP作为二层次变量进行多层次模型分析，更为细致地探讨农民工的工资总量、工资结构与制度环境、经济发展水平之间的关系。如图3.1所示为本书构建的一个基于农民工工资总量和工资结构分析的研究框架。

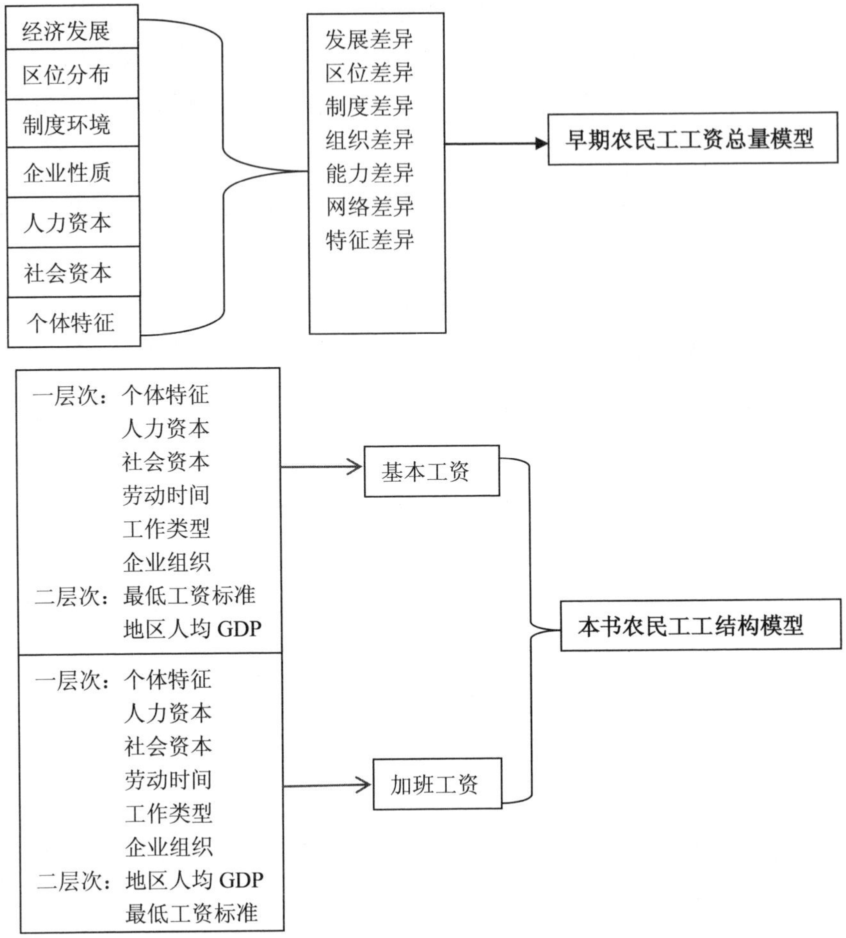

图3.1　农民工工资总量及工资结构分析的研究框架

第三节　数据资料与研究方法

一、研究数据来源

本书主要采用量化研究，所有数据均来自中山大学社会学与社会工作系自2006年至2010年在珠三角地区和长三角地区进行的四次大规模问卷调查。其中，2010年在珠三角地区和长三角地区进行的大规模问卷调查结果是本书统计分析的主要数据来源，而2006年、2008年和2009年调查数据则用来进行描述分析和比较分析。

2006年农民工数据来源于中山大学社会学与社会工作系蔡禾教授主持的2005国家社科基金重大招标项目A级课题——城市化过程中的农民工问题，课题组于2006年7至8月在珠江三角洲9个城市进行了大规模的问卷调查。调查内容涵盖了农民工工作、生活、居住、权益、期望、社会融合和社会网络等内容。调查对象限定为“跨地区（县、市、区）流动的大专学历及以下农村户籍的外来务工人员”。本次调查采用配额抽样和偶遇抽样相结合的方式，以2005年广东省1%人口抽样调查资料中城市外来人口数据为样本分配依据，在控制被访者性别、行业、城市和工厂等特征基础上，通过“拦截”和“滚雪球”的方法，获得正式就业问卷3 086份。此外，为确保样本的代表性和尽可能的广泛性，调查组对每个企业或工厂的样本数量进行了控制。由于2006年调查问卷在设计农民工工资指标时未区分基本工资和加班工资，所以2006年数据主要用作参考。

2008年农民工数据来源于中山大学社会学与社会工作系刘林平教授主持的2008年广东省普通高校人文社会科学重点研究基地重大项目——《流动与权益——珠三角农民工的追踪研究》。项目组于2008年7月至8月在珠三角地区进行的农民工问卷调查。调查方法跟2006年基本相同，调查对象限定为“大学专科及以下的跨县（区）域流动的外来工”，既包括农村户籍的农民工，也可以少量具有城镇户籍的农民工。本次调查共获得有效农民工样本2 072份。

2009年农民工数据来源于中山大学社会学与社会工作系刘林平教授主持的教育部“国际金融危机应对研究”应急课题重点项目——《金融危机对珠三角农民工的影响》，项目组于2009年7月至8月在珠三角地区对农民工进行问卷调查。样本确定和调查方法跟2008年一致，调查对象和2008年一样，同样包含农村户籍的农民工和城镇户籍的农民工两大类。本次调查共发放调查问卷1 806份，回收有效问卷1 766份，有效回收率97.8%。

2010年农民工数据来源于中山大学社会学与社会工作系刘林平教授主持的2009年教育部哲学社会科学研究重大课题攻关项目——《农民工权益

保护理论与实践研究》。项目组于2010年7月至8月在珠三角九市（广州、深圳、珠海、佛山、肇庆、东莞、惠州、中山和江门）和长三角十市（上海、南京、苏州、无锡、常州、南通、杭州、宁波、嘉兴和绍兴）进行问卷调查。调查对象为在珠三角地区和长三角地区19个城市中跨县（区）域流动的、具有大专学历及以下的、正式在企业或单位就业者，既包括农村户籍的农民工，也包括城镇户籍的农民工。由于无法做到随机抽样，便通过计算珠三角地区和长三角地区被调查城市外来人口比例作为样本分配的基本依据，在控制性别、行业和地区分布的基础上进行配额抽样。在问卷调查过程中，为确保问卷的代表性，还对不同企业规模的农民工样本数量进行了规定，其中，30人以下的企业只做1份，30 ~ 299人的企业最多只做3份，300人以上的企业最多可做5份。总共发放调查问卷4 152份，其中长三角地区2 152份，珠三角地区2 000份。由于调查涉及面广，及农民工群体自身的能力和认识问题，在对某一些问题或指标回答时存在遗漏，所以在进行统计数据整理时，对遗漏或没有回答的问题进行了数据差值处理，尽可能恢复数据应有的分布状态。

此外，还需要特别说明的，在2006—2010年的这四次调查过程中，对问卷设计进行了修改和变动，2006年调查农民工工资时，没有区分农民工的基本工资和加班工资，但2008年、2009年和2010年的调查问卷均只调查了被访者的上月实发工资、基本工资和加班工资。此外，只有2010年调查中涵盖了长三角地区的样本，因此，在进行工资总量和工资结构比较分析时，未考虑长三角地区农民工样本的情况。

二、样本选择

在统计分析时，本研究按照以下条件筛选出样本对象：首先，按照就业性质将调查总样本进行分类，选择在正规企业就业的农民工，而将个体户、散工等等非正式就业的农民工删除；其次，梳理在企业工作的农民工，分析其上月实发工资、上月加班工资和上月加班情况，保留上月实发工资、上月基本工资和上月加班工资都回答完整的样本，凡三项回答有一项或一项以上存在缺失的样本都不作为本研究的研究对象；最后，将基本工资和加班工资加总所得结果减去剩余农民工的上月应发工资数，凡结果不等于“0”的样本均不作为本书的研究对象。通过上述方式进行处理之后，所有样本均满足以下条件：正规企业工作，上月应发工资、基本工资和加班工资无缺失情况，基本工资和加班工资加总结果等于上月应发工资。最后，本研究进行统计的样本量为2 504份，占总样本4 152份的60.31%。

三、研究方法

本研究通过对抽样调查数据进行实证分析，由于无法做到随机抽样，再加上问卷调查内容丰富和调查题量较大，受被访者农民工群体自身情况的约束，有些问题的回答存在缺失值较多或回答前后不一致的情况，从而导致数据质量存在一些不足。因此，本研究只能在总样本中选择部分样本进行研究，再加上定量研究本身的缺陷会影响本研究的因果推论。

在研究方法上，本书采用定量研究为主，由于因变量（如农民工工资总量、基本工资、加班工资）为连续变量，故采用了多元回归分析的方法，在纳入最低工资标准和地区经济发展作为城市变量时，使用了多层次模型，同时在研究最低工资标准对农民工工资影响时，在梳理相关文献和国家政策走向的基础上采用了文本分析方法，通过研究有关农民工管理和服务的法律法规、部门规章、地方条例等，从而更好地理解农民工工资总量和工资结构决定的政策环境。

第四章　农民工工资总量与工资结构的描述性统计

第一节　样本情况

一、历年背景资料和就业情况

2006年数据的统计对象来源于2006年7至8月在珠江三角洲9个城市进行问卷调查的农民工群体；2008年数据的统计对象是2008年7月至8月在珠三角地区进行问卷调查的农民工群体；2009年数据的统计对象是2009年7月至8月在珠三角地区进行问卷调查的农民工群体；2010年数据的统计对象是2010年7月至8月在珠三角九市（广州、深圳、珠海、佛山、肇庆、东莞、惠州、中山和江门）和长三角十市（上海、南京、苏州、无锡、常州、南通、杭州、宁波、嘉兴和绍兴）进行问卷调查的农民工群体。

（一）2006年

从性别来看，女性占46.9%，男性占53.1%；从年龄来看，平均年龄为27.5岁（标准差为8.6岁）；从受教育程度来看，小学及以下为18.5%，初中为51.3%，高中为15.3%，中专或技校为11.9%，大专为2.9%；从婚姻状况来看，未婚为55.1%，丧偶为0.4%，离婚为1.0%，已婚为43.5%。

（二）2008年

从性别来看，女性占44.4%，男性占55.6%；从年龄来看，平均年龄为27.7岁（标准差为8.29岁）；从教育程度来看，未受过正式教育为0.2%，小学为13.2%，初中为53.8%，高中为16.2%，中专、职高、技校为11.2%，大专为4.3%；从婚姻情况来看，未婚为59.5%，丧偶为0，离婚为0.8%，已婚为39.8%。

（三）2009年

从性别来看，女性占46.7%，男性占53.3%；从年龄来看，平均年龄为28.9岁（标准差为9.4岁）；从教育程度来看，未受过正式教育为0.6%，小学为8.3%，初中为53.8%，高中为20.2%，中专、职高、技校为11.3%，大专为5.8%；从婚姻情况来看，未婚为57.5%，丧偶为0，离婚为0.6%，已婚为41.9%。

（四）2010年

从性别来看，女性占46.8%，男性占53.2%；从年龄来看，平均年龄为29.4岁（标准差为9.0岁）；从教育程度来看，小学及以下占13.8%，初中为52.0%，高中为17.2%，中专、职高、技校为11.5%，大专为5.5%；从婚姻情况来看，未婚为41.7%，丧偶为0.1%，离婚为1.1%，已婚为57.1%。

表4.1为历年样本背景情况和就业情况。

表4.1　历年样本背景资料和就业情况

选项	类别	2006年	2008年	2009年	2010年
性别	男（%）	53.1	55.6	53.3	53.2
	女（%）	46.9	44.4	46.7	46.8
年龄	平均值（岁）	27.5	27.7	28.9	29.4
代际分布	80年代及以前（%）	43.3	38.4	35.3	35.0
	80～89年代（%）	56.0	52.6	51.5	47.6
	90年代及以后（%）	0.6	9.0	13.2	17.4
婚姻状况	未婚（%）	55.1	59.5	57.5	41.7
	已婚（%）	43.5	39.8	41.9	57.1
	离婚（%）	1.0	0.8	0.6	1.1
	丧偶（%）	0.4	0	0	0.1
教育程度	小学及以下（%）	18.5	13.4	8.9	13.8
	初中（%）	51.3	53.8	53.8	52.0
	高中（%）	15.3	16.2	20.2	17.2
	中专、技校（%）	11.9	11.2	11.3	11.5
	大专（%）	2.9	4.3	5.8	5.5

续表

选项	类别	2006年	2008年	2009年	2010年
企业性质	国有（%）	9.0	5.5	5.9	6.8
	集体（%）	2.2	1.6	2.7	2.2
	私营（%）	53.1	54.5	57.0	55.9
	外资或合资（%）	23.1	24.6	20.5	22.2
	其他（%）	12.5	13.8	13.9	13.1
工种类型	普工（%）	76.9	74.4	73.0	72.0
	技工（%）	16.9	19.1	23.5	20.7
	管理人员（%）	6.2	6.5	5.5	7.3

注意：教育程度中小学及以下，包括未受过正式教育和小学两个类别。

二、历年背景资料和就业情况比较

农民工平均年龄年龄逐年增大，农民工劳动力市场代际更替明显。调查结果表明，与2006年相比，2010年农民工平均年龄增大了将近两岁。与此同时，20世纪80年代出生的农民工所占比例逐渐减少，由2006年的43.3%减少到2010年的35.0%，减少了8.3个百分点；20世纪90年代出生的农民工比例逐渐增大，由2009年的0.6%增长到2010年的17.4%，增长了16.8个百分点。

农民工的教育水平有所提高，高中及以上教育程度的农民工比重呈现明显的增加态势。2006年，高中及其以上教育程度的农民工占30.1%，到2010年增长到34.2%，与2006年相比，高中及以上教育程度的农民工增长了4.1个百分点。

私营企业吸收了半数以上的农民工就业，其次是外资或合资企业吸收了五分之一的农民工就业。从2006年到2010年，私营企业吸收农民工就业比重均在50.0%以上，其中最高的是2009年，吸收比例为57.0%。此外，从2006年至2010年，外资或合资企业吸收农民工就业比例均在20.0%以上，其中，最高的是2008年，外资或合资就业的农民工为24.6%。

大多数农民工都是普工，成为普通管理人员的比例很低。从2006到2010年，工种为普工的农民工均在70.0%以上，工种为管理人员的比例均在10.0%以下，这表明每十个农民工中，只有不到一人可以成为管理人员。

第二节 农民工工资总量、工资结构及变化

一、工资总量连年增长，年均增长率达到20.28%

近年来，农民工的工资总量在不断增加[①]，工资增幅明显。2006—2010年在珠三角地区的问卷调查结果表明：2006年农民工月平均工资为1 094.69元，2008年为1484.28元，2009年为1 600.87元，2010年为1 905.25元。可见，2008年农民工月平均工资较2006年增长35.58%，2009年较2008年增长7.86%，2010年较2009年增长19.01%。考虑到2008与2006年相差两年，35.58%的增长速度是可以接受的；此外，受2009年全球性金融危机的影响，2009年的增速出现了明显减缓，而2010年增速开始回升。

总之，四年的问卷调查结果表明，农民工的工资总量在连续增长，年平均增长率达20.28%。具体如表4.2所示。

表4.2 2006年、2008年、2009年和2010年珠三角地区工资总量情况（单位：元/月）

选项	2006年	2008年	2009年	2010年
月基本工资（元）	1 094.69	1 484.28	1 600.87	1 905.25
较上年增减比例（%）	—	35.58	7.86	19.01
年均增长率（%）	20.28			

二、农民工基本工资保持增长态势，但加班工资增势有起有落，受经济发展形势波动干扰较大

2008年珠三角地区的农民工基本工资月平均值为1 214.95元，2009年为1 357.57元，2010年为1 489.14元，保持连续增长态势，其中2009年基本工资较2008年增长11.73%，2010年较2009年增长22.56%。考虑到2009年的独特性，农民工基本工资较2008年高是可以理解的，2009年中国经济遭遇了世界金融危机的影响和干扰，订单剧减，企业开工不足，很多企业倒闭，大量农

① 注：由于没有长三角地区的历年数据，在报告农民工工资总量时，只报告了珠三角地区农民工的情况。

民工被解雇，但被解雇或暂时辞退的农民工多是一些教育程度较低，或者非技能型的员工，而教育程度较高的技能型农民工则被留下来，这一点能够被我们2009年农民工样本背景情况所支持，在2009年农民工样本中，高中以上教育程度的农民工或技能型农民工比重均高于2008年和2010年。由于留下来的是高素质的技能型员工，其基本工资自然会有所增加。当然，由于受到全球性金融危机的影响，基本工资上调幅度不会很大。

2008年珠三角地区农民工加班工资月平均值为269.33元，2009年为243.30元，2010年为416.11元，其中2009年加班工资较2008年下降9.67%，而2010年加班工资较2009年增长71.02%。

从不同年份农民工基本工资和加班工资的占比情况来看，2009年农民工基本工资占比较2008年高2.95%，较2010年高6.64%；2009年加班工资占比较2008年低2.95%，较2010年低6.64%。

根据珠三角地区的农民工数据，就农民工工资结构的变化态势来看，其基本工资保持连续增长态势，并且在经济正常发展的2010年，其基本工资增速要远远高于处于金融危机期间的2009年；此外，农民工加班工资有升有降，金融危机期间的2009年，农民工的加班工资比例较2008年下降了9.6个百分点，而恢复正常发展年份的2010年，农民工的加班工资比例较2009年大幅上涨71.02%。此外，与2008和2010年相比，2009年农民工基本工资占比最高，加班工资占比最低。如表4.3为2008—2010年农民工工资结构情况。

表4.3　2008-2010年农民工工资结构情况

年份	月基本工资平均值（元）	基本工资占比（%）	月加班工资平均值（元）	加班工资占比（%）
2008年	1 214.95	81.85	269.33	18.15
2009年	1 357.57	84.80	243.30	15.20
2010年	1 489.14	78.16	416.11	21.84

注：由于缺乏长三角地区历年数据，仅做珠三角地区的比较。此外，2006年调查数据中，未将农民工工资区分为基本工资和加班工资，故未纳入分析，仅做2008、2009和2010年的比较。

可见，在农民工工资总量连年较快增长的背景下，农民工的基本工资也维持了正向增长态势，但农民工的加班工资则有起有落，这表明，农民工工资总量增长与农民工工资结构增长呈现不一致的发展态势，只讨论农民工工资总量增长而不研究农民工工资结构变化，显然掩盖了农民工工资问题的真实面貌。因此，我们不能单凭农民工工资总量来理解农民工工资结构的含义和走向，而是需要深入理解工资总量背后的结构差异及变动走向，才能更好地帮助我们科学看待当前农民工的工资格局。

第三节　本章小结

一、农民工劳动力市场代际更替在逐渐推进，“90后”农民工所占比例逐年增加

对比2006—2010年调查到的农民工样本，可以发现被访者的平均年龄在变大，并且20世纪90年代及以后出生的新生代农民工比重在增加。这与2010年全国“六普”数据的人口代际结构大体一致，“六普”调查数据表明，全国20世纪90年代及以后出生的人口比例占24.1%。2010年珠三角和长三角地区农民工调查数据表明，20世纪90年代出生的农民工占17.4%。虽然调查样本中90后农民工比例低于全国人口普查比例，但这两个数字均表明，当前劳动力的代际更替迅速，20世纪80年代及以前出生的农民工正逐渐退出劳动力市场，而20世纪90年代出生的农民工正逐渐成长为我国劳动力市场的重要力量。

高中（含中专、技校）及以上教育程度的农民工比重持续增加，这表明农民的平均受教育程度在不断提高，农民工劳动力素质和劳动力技能得到了较大改进。以初中及以下教育程度为主的农民工群体逐渐成为历史，而具有高中及以上教育程度的农民工将成为主体，2008到2010年三年的调查数据均显示，高中（含中专、技校）及以上教育程度的农民工占到了调查总体的三分之一以上。

二、农民工的就业格局保持较为稳定的状态，私营企业和普工岗位仍是农民工就业的基本形态

调查结果表明，从2006—2010年，半数以上的农民工在私营企业工作。

农民工私营企业就业的特征，表明他们的整体工资水平与城镇居民收入水平存在差距，同时也决定了他们的劳动和工资受市场影响和经济周期性波动的干扰较大。中国社会科学院农村发展研究所和国家统计局农村社会经济调查司发布的《2006—2007农村经济经济形势分析与预测》指出："农民工的生活质量仅相当于城镇居民平均水平的53.2%，其平均月收入为城镇居民平均收入的56%"[①]，同样作为城市劳动者，农民工群体的整体收入水平不及城镇居民的六成。

2006—2010年这四年的问卷调查结果表明，七成以上的农民工是一线劳动者，从事普工工作。这表明农民工虽然具有职业选择权，但仍旧只能局限在低端劳动市场选择，不仅选择面窄，而且职业晋升也困难，实现向上流动的可能性也很小。由于无法实现职业晋升或向上流动，会进一步导致农民工就业的"普工化"和生存的 "边缘化"。此外，正因为职业晋升困难和向上流动没有机会，农民工才会越来越看重通过加班提高工资水平，而农民工对加班行为的主动期待，会进一步强化企业当前的农民工加班生产体制，加班生产体制的进一步强化又反过来巩固农民工依靠加班提升工资水平的不平等工资制度。

三、农民工工资总量增长和工资结构增长存在不一致性，这种不一致性表明将农民工工资总量和工资结构相结合分析能够更好地揭示农民工的工资决定机理

四年的问卷调查结果表明，农民工的工资总量在连续增长，年平均增长率达20.28%。就农民工工资工资结构的变化态势来看，基本工资保持连续增长态势，而加班工资有升有降，跟经济发展形势密切相关。正因为加班工资受经济发展形势呈现出不稳定的变化，使得基本工资和加班工资的占比情况也出现波动。可见，农民工工资结构受外部经济发展形势影响的敏感性要大大高于农民工工资总量，外部经济形势的变动，会立即通过农民工的工资结构得到体现，而农民工工资总量的变化则相对不太明显。此外，农民工加班

① 中国社会科学院农村发展研究所、国家统计局农村社会经济调查司:《2006—2007农村经济经济形势分析与预测》，社会科学文献出版社，2007年。

工资的变化与经济周期性发展密切相关，当经济发展遭遇危机，外来订单缩减和企业开工减少，农民工加班工资总量和加工工资也会随之减少，从而导致工资总量可能增加，也可能减少，或者有可能保持不变，但必然会导致农民工工资结构发生变化。

因此，农民工工资结构与农民工工资总量呈现不一样的变动态势，同时基本工资和加班工资也有各自的发展规律，这种总量变化和结构变化的不一致性，需要拆分研究和统合解释。

第五章　农民工工资总量与工资结构模型

农民工工资总量分别表明，2006—2010年，农民工的月平均工资水平呈现明显增长态势；工资结构分析表明，2008—2010年，农民工的基本工资逐年增加，但加班工资升中有降，通过比较2008—2010年农民工基本工资和加班工资比重的变化态势可以发现2009年农民工基本工资占比高于2008年和2010年，加班工资占比明显低于2008年和2010年。可见，农民工的工资结构变动和工资总量变动存在不一致，仅仅使用工资总量及变动等同于农民工工资问题与变迁显然不够严谨，需要将农民工工资总量分析和工资结构研究结合起来进行讨论，才能更好和更全面地理解农民工工资问题。

当前，有关农民工工资决定的实证研究展示了性别、人力资本、社会资本、地区、企业和工作制度等因素对农民工工资决定的作用方向和影响程度。在延续前人研究的基础上，采用前人研究中普遍使用的自变量，本书建构出了一个以农民工工资总量对数、基本工资对数和加班工资对数为因变量，包括农民工特征变量、人力资本变量、社会资本变量、劳动时间变量、企业与工作变量、行业变量、地区变量为自变量的回归模型。此外，还在回归模型的基础上，引入地区月人均GDP对数作为二层次变量，进行多层次模型分析，帮助我们更好地理解不同城市经济发展水平与农民工工资总量、工资结构的关系。

第一节 变量与测量

一、因变量

农民工工资的测量方式主要有直接测量和间接计算两种途径。直接测量将问卷中询问农民工的小时工资数、上月工资数、上一年收入数直接取对数作为因变量；间接计算是在询问农民工上月工资、上一年收入等的基础上，计算出农民工的小时平均工资、周平均工资和月平均工资并取对数作为因变量，也有将农民工上一年月最高工资、最低工资、一般工资和上月工资加总求平均值取对数作为因变量。本书采用直接测量方法。

2010年调查问卷中，将农民工工资操作为："您上月实发工资为________元/月，其中基本工资（底薪）为________元/月，加班工资为________元/月，其他收入为________元/月。"由于本书的研究对象为在企业工作的正式农民工，其他收入基本为0或缺失。因此，直接采用调查问卷中获得的上月实发工资数据作为工资总量的操作化结果，而以调查问卷实际调查得到的基本工资和加班工资作为工资结构变量的操作化。

需要说明的是，选择在企业工作的农民工作为研究对象基于两大考虑：一是在企业工作的农民工，由于工作环境的封闭性、工作时间较长和收入来源单一，其月工资由基本工资和加班工资构成，并且基本工资占月平均工资的比例与加班工资占月平均工资的比例之和等于100.0%；二是有关体制内外劳动者工资结构可以佐证[①]，拥有单一收入来源的企业农民工的工资总量是相对可以测量的，这就从一个侧面支持了以企业农民工来研究农民工工资总量和工资结构决定具有较强的科学性。如表5.1所示为体制内外劳动者的工资结构。

① 腾讯网站"用数据解读新闻"通过比较和分析了国家机关、事业单位和民营企业三类劳动者的工资结构及差异，可以发现，体制内劳动者（含公务员和事业单位工作人员）的工资结构比较复杂，且发放名目多种多样，虽然基数小，但类别多，计算比较复杂，其中国家部委公务员的基本工资包括职务工资和级别工资，新华下属事业单位工作人员的基本工资包括基本工资、考勤奖和加班奖，而北京某民营企业员工的基本工资没有区分；此外，体制内劳动者还有各种名称内涵多样的补贴，还有未纳入统计范畴的其他收入，而民营企业员工的收入基本上等于基本工资所得。

表5.1 体制内外劳动者的工资结构[1]

个案A：国务院某部门公务员 工作5年			个案B：新华社下属事业单位员工 工作3年			个案C：北京某民营企业员工 工作3年	
基本工资[3]	850	占总收入比：12.0%	基本工资[4]	1 414	占总收入比：22.0%	基本工资	6 200
职务工资	400		基本工资	850		—	—
级别工资	450		考勤奖	400		—	—
			加班奖	164		—	—
补贴[5]	6 360	占总收入比：88.0%	补贴[6]	4 918	占总收入比：78.0%	—	—
工作性津贴	2 000		工龄补贴	30		—	—
生活性津贴	3 000		职称补贴	300		—	—
住房补贴	900		岗位补贴	4 188		—	—
机关津贴	150		车贴	400		—	—
通讯津贴	130		—	—	—	—	—
津贴	170		—	—	—	—	—
附补	10		—	—	—	—	—
扣除	-900		扣除	-1000		扣除	-1406.72
住房公积金	–900		住房公积金	–1 000		公积金、医疗保险、养老保险、事业保险等	–1 367
						个人所得税	39.72
月工资	6 310		月工资	5 332		月工资	4 784.24
其他收入	?		其他收入	?			

总之，与早期研究只选取农民工月工资总量数作为因变量不同，本研究包括三个因变量，分别是以上月实发工资、上月实发基本工资和上月实发加班工资的对数作为因变量。

① 本数据来源于http://news.qq.com/bigdata/19.htm。
③ 工资没有超过5 000，所以不交个人所得税。
④ 工资没有超过5 000，所以不交个人所得税。
⑤ 补贴类不属于工资收入，所以不用交个人所得税。
⑥ 补贴类不属于工资收入，所以不用交个人所得税。

二、自变量

（一）特征变量

农民工群体内部不是铁板一块，主要体现在农民工的代际差异和性别差异上。新生代农民工比老一代农民工有更前卫的消费观念、更现代的生活方式和更高的职业流动性，并且更不愿意承担繁重的劳动和接受较低的工资水平。此外，男女两性农民工在职业选择和收入水平上也存在较为明显的区别，此前有研究表明，男性农民工比女性农民工的收入水平更高，从事中高层级职位的职业概率也较高。因此，采纳前人研究的经验和结合农民工的实际情况，本研究的特征变量是性别、年龄和年龄平方。

（二）人力资本变量

农民工劳动力市场跟城镇劳动力市场虽然存在区隔和差异，但是大多数研究都表明，人力资本在两类市场中都发挥了正面的效应。教育程度、身体素质和劳动经验对不农民工的价值和回报是存在差异的。明赛尔（1989）指出：正式的或非正式的学校教育和家庭教育，以及培训、经验和职业流动会对个人的劳动力市场结果和国家经济增长产生影响，作为劳动力市场重要组成部分的农民工也不例外。新韦伯主义者赖特（转引自李强，2008）认为技术和技术资格证书是社会中一种财产不平等的分配形式，技术资产的基础是技术证书，而技术证书是由权威部门和各种法律法规所决定的，这在某种程度上可以保障拥有技术和具有技术资格证书的劳动者在劳动力市场中获得较高的回报。新韦伯主义者帕金（转引自李强，2008）则指出专业资格、技术证书制度跟财产制度同样重要，技术证书可以决定什么人进入什么样的职位和获得怎样的工资水平。因此，考虑到中国农民工的阶层特征，受教育年限、职业技能培训、职业技能培训证书数可以作为衡量农民工人力资本的重要指标。

（三）劳动时间变量

农民工生产体制中的一个重要特征就是低工资和高劳动强度，而工作时间长是农民工高劳动强度的重要标志。大多数农民工需要接受较长劳动时间的制度规定，并且只有完成工厂或企业规定的劳动时间，才能全额获得劳动回报。因此，农民工的工作时间对农民工的劳动报酬有重要影响，本研究选择“一般每天工作时间”作为测量农民工劳动时间的指标。

（四）社会资本变量

大多数研究揭示关系网络有助于提升劳动者的市场回报，但相关研究表明，社会资本对农民工的劳动回报存在多元化，既有正向影响，也有负向影响，更有研究认为没有影响。此外，也有研究表明，社会资本对农民工的劳动回报或工资水平并非直接作用，而是存在层次性和中介变量的影响。不管怎么说，研究农民工的劳动回报或工资水平不可绕过社会资本变量。本研究着重研究农民工的网络性质，也即农民工求职前在企业内部有无熟人对农民工的工资水平的影响。一般来看，在企业内部有熟人有助于解决信息不对称问题和帮助农民工获得较好的工种类型。为此，本研究以“农民工在企业内部是否有熟人”作为测量农民工社会资本变量的操作化指标。

（五）企业与工作变量

企业规模不同，工作岗位不同，农民工的工资水平有差异。大多数农民工主要在低端劳动力市场工作，低端劳动力市场中企业规模与农民工的权益保护有重要关联。通常来说，企业规模越大，所雇用的农民工数量越多，其所要面临的管理压力越大和劳资关系协调会越复杂，应对农民工权益问题的程序和制度相对会更完善。此外，工种类型对农民工的工资回报具有重要影响，在向上流动机会缺乏的低端劳动市场中，工种差异直接影响收入水平。因此，在本研究中，我们引入企业规模和工种类型来测量农民工的企业与工作特征。

（六）产业与区位

长三角地区农民工的权益保护整体水平好于珠三角地区农民工，已经被很多研究予以证实。此外，不同产业农民工的工资待遇、工作环境和福利保障等也存在差异，农民工在第二产业和第三产业之间的流动比较频繁，可能跟两种产业的工资回报和工作环境有关。本研究中，我们选择了“是在第二产业还是第三产业工作”和“是在珠三角地区工作还是在长三角地区工作”来测量农民工工资的产业差异和区位差异。

（七）地区月人均GDP

中国经济发展水平的最重要评估指标是GDP，通常一个地区或城市的经济实力和发展水平都通过GDP总量来进行比较和排位。在本研究中，我们引用了不同城市2010年的GDP值与地区总人口的比值作为经济发展的操作化指标。

（八）最低工资标准

最低工资制度是保障低收入群体尤其是农民工工资收入的基本制度，是国家直接干预劳动力市场和进行社会管理的重要手段，对农民工的工资水平发挥着较为明显的调节作用。因此，本书引入2010年不同城市的最低工资标准除以12个月之值作为行政干预的操作化指标。需要说明的是，最低工资标准变量只在第六章的最低工资标准与农民工工资总量、工资结构的多层次模型中使用。

因变量和自变量的基本情况如表5.2所示。

表5.2　变量基本描述统计

<table>
<tr><th>类型</th><th>变量名</th><th>平均值</th><th>标准差</th><th>性质</th><th>编码</th></tr>
<tr><td rowspan="3">特征变量</td><td>性别</td><td>0.54</td><td>0.49</td><td>定类变量</td><td>0=女性，1=男性</td></tr>
<tr><td>年龄</td><td>29.4</td><td>9.04</td><td>连续变量</td><td>16～67岁</td></tr>
<tr><td>年龄平方</td><td>945.97</td><td>592.59</td><td>连续变量</td><td></td></tr>
<tr><td rowspan="3">人力资本变量</td><td>受教育年限</td><td>9.78</td><td>2.30</td><td>连续变量</td><td>小学=6年，初中=9年，高中、中专或技校=12年，大专=15年，本科=16年</td></tr>
<tr><td>职业资格证书数量</td><td>0.25</td><td>0.62</td><td>连续变量</td><td>0-6个</td></tr>
<tr><td>职业技能培训</td><td>0.33</td><td>0.47</td><td>定类变量</td><td>0=没有，1=有</td></tr>
<tr><td>社会资本变量</td><td>企业内部有无认识的熟人</td><td>0.68</td><td>0.46</td><td>定类变量</td><td>0=没有，1=有</td></tr>
<tr><td>劳动时间变量</td><td>每天工作时间</td><td>9.26</td><td>1.91</td><td>连续变量</td><td>1.0小时～24.0小时</td></tr>
<tr><td rowspan="2">企业工作变量</td><td>工种类型</td><td>1.84</td><td>1.04</td><td>定类变量</td><td>1=普工，2=技工，3=管理员，4=其他工种类型</td></tr>
<tr><td>企业规模</td><td>2.36</td><td>1.16</td><td>定类变量</td><td>1=100人以下，2=100～299人，3=300～999人，4=1 000人以下</td></tr>
<tr><td>产业变量</td><td>产业类型</td><td>0.16</td><td>0.37</td><td>定类变量</td><td>0=第二产业，1=第三产业</td></tr>
<tr><td>区位变量</td><td>地区</td><td>0.49</td><td>0.50</td><td>定类变量</td><td>0=长三角，1=珠三角</td></tr>
</table>

续表

类型	变量名	平均值	标准差	性质	编码
经济发展变量	地区月人均GDP	5 996.99	1 450.50	连续变量	2 332.25元~7 858.00元
制度干预变量	地区月最低工资标准	1 002.25	100.91	连续变量	710元/月~1 120元/月

注：样本量为2 504。数据来源于中山大学社会学与社会工作系刘林平教授主持的2009年教育部哲学社会科学研究重大课题攻关项目——《农民工权益保护理论与实践研究》于2010年在珠三角地区和长三角地区进行的大规模问卷调查。

第二节　农民工工资总量、基本工资和加班工资模型

一、农民工工资总量和工资结构的回归模型

本节内容中，通过对“上月实发工资”“上月实发基本工资”和“上月实发加班工资”分别取对数作为因变量，分别建立工资总量回归模型、基本工资回归模型和加班工资回归模型。

如表5.3所示，在工资总量模型中，性别对农民工工资总量有显著影响，男性比女性工资总量高18.7%；年龄对农民工工资总量有显著影响，但年龄平方对农民工工资总量有负向显著影响，这表明随着年龄变大，农民工的工资总量越高，但到一定年龄后，工资总量会下降；人力资本变量都对农民工工资总量有显著正向影响；劳动时间对农民工工资总量有显著正向影响；工种类型对农民工工资总量有显著正向影响，技工、管理人员和其他类型工作人员的工资总量都显著高于普工；企业规模对农民工工资总量只有部分显著影响，企业规模在1 000人以上的企业要比100人及以下的企业农民工工资总量高；第三产业农民工工资总量比第二产业低，长三角地区农民工工资比珠三角地区工资总量高。

表5.3　农民工工资总量回归模型

	基准模型	人力资本模型	社会资本模型	劳动时间模型	企业工种模型	区位模型	整体模型
性别（女=0）	0.216***	0.192***	0.193***	0.192***	0.184***	0.185***	0.187***
年龄	0.067***	0.067***	0.067***	0.067***	0.063***	0.063***	0.062***
年龄平方	−0.001***	−0.001***	−0.001***	−0.001***	−0.001***	−0.001***	−0.001***
受教育年限		0.028***	0.029***	0.029***	0.023***	0.024***	0.024***
职业资格证书数量		0.030***	0.030***	0.031**	0.022*	0.027**	0.026**
职业技能培训（无=0）		0.061***	0.060***	0.060***	0.046**	0.053***	0.049***
企业内部有无熟人（无=0）			0.013	0.013	0.006	0.006	0.006
每天工作时间				0.006	0.007*	0.007*	0.007*
工种类型（普工=0）							
技工					0.135***	0.122***	0.122***
管理人员					0.175***	0.172***	0.173***
其他类型					0.053**	0.065***	0.066***
企业规模（100人以下=0）					−0.007	−0.013	−0.011
100~299人							
300~999人					0.038*	0.028	0.032
1 000人以上					0.051**	0.039*	0.044*
产业类型（第二产业=0）						−0.110***	−0.110***
地区（长三角=0）							−0.036***
常数	6.407***	6.059***	6.049***	5.980***	6.033***	6.041***	6.074***
DF（自由度）	3	6	7	8	14	15	16
Adjusted R Square	0.114	0.154	0.154	0.154	0.181	0.189	0.191
N（样本量）	2 504	2 504	2 504	2 504	2 504	2 504	2 504

注：***表示$p<0.001$，**表示$p<0.01$，*表示$p<0.05$，p表示斜率。数据来源于中山大学社会学与社会工作系刘林平教授主持的2009年教育部哲学社会科学研究重大课题攻关项目——《农民工权益保护理论与实践研究》于2010年在珠三角地区和长三角地区进行的大规模问卷调查。

表5.4表明：性别对农民工的基本工资有显著影响，男性农民工比女性农民工基本工资高；年龄越大，基本工资越高，但年龄平方与农民工基本工资呈现倒“U”型，也即农民工基本工资随着年龄增长到一定阶段会下降；

受教育年限越长，职业资格证书数就越多，基本工资也越高；每天工作时间越长，基本工资反而越低；技工、管理人员和其他工种较普工而言，具有更高的基本工资；企业规模越大，基本工资越低；第三产业农民工比第二产业农民工基本工资低；珠三角地区农民工比长三角地区农民工基本工资低。

表5.4　农民工基本工资回归模型

	基准模型	人力资本模型	社会资本模型	劳动时间模型	企业工种模型	区位模型	整体模型
性别（女=0）	0.179***	0.157***	0.158***	0.159***	0.156***	0.158***	0.163***
年龄	0.052***	0.052***	0.052***	0.051***	0.046***	0.046***	0.043***
年龄平方	–0.001***	–0.001***	–0.001***	–0.001***	–0.001***	–0.001***	–0.001***
受教育年限		0.031***	0.031***	0.030***	0.026***	0.027***	0.026***
职业资格证书数量		0.034***	0.035***	0.034***	0.026**	0.031**	0.028**
职业技能培训（无=0）		–0.006	–0.007	–0.007	0.007	0.013	0.002
企业内部有无熟人（无=0）			0.011	0.012	0.014	0.015	0.014
每天工作时间				–0.011**	–0.008*	–0.008*	–0.007*
工种类型（普工=0）							
技工					0.085***	0.072***	0.071***
管理人员					0.161***	0.157***	0.159***
其他类型					0.077***	0.088***	0.090***
企业规模（100人以下=0）							
100~299人					–0.065***	–0.070***	–0.065***
300~999人					–0.087***	–0.096***	–0.087***
1 000人以上					–0.114***	–0.126***	–0.114***
产业类型（第二产业=0）						–0.110***	–0.110***
地区（长三角=0）							–0.090***
常数	6.323***	5.957***	5.949***	6.080***	6.182***	6.189***	6.277***
DF（自由度）	3	6	7	8	14	15	16
Adjusted R Square	0.075	0.110	0.110	0.111	0.137	0.144	0.154
N（样本量）	2 346	2 346	2 346	2 346	2 346	2 346	2 346

注：***表示$p<0.001$，**表示$p<0.01$，*表示$p<0.05$，p表示斜率。数据来源于中山大学社会学与社会工作系刘林平教授主持的2009年教育部哲学社会科学研究重大课题攻关项目——《农民工权益保护理论与实践研究》于2010年在珠三角地区和长三角地区进行的大规模问卷调查。

表5.5表明：年龄越大，加班工资越高，但年龄平方与加班工资呈现倒

"U"型，也即农民工的加班工资随着年龄增长到一定阶段会下降；每天工作时间越长，农民工的加班工资越高；技工和管理人员较普工的加班工资要高；企业规模越大，农民工的加班工资越高；第三产业农民工的加班工资比第二产业农民低。

表5.5　农民工加班工资回归模型

	基准模型	人力资本模型	社会资本模型	劳动时间模型	企业工种模型	区位模型	整体模型
性别(女=0)	0.073	0.070	0.079	0.082*	0.072	0.075	0.074
年龄	0.056***	0.054***	0.053***	0.056***	0.053***	0.053***	0.053***
年龄平方	−0.001***	−0.001***	−0.001***	−.001***	−0.001***	−0.001***	−0.001***
受教育年限		−0.005	−0.003	−0.006	−0.003	−0.002	−0.001
职业资格证书数量		0.018	0.021	0.027	0.017	0.023	0.024
职业技能培训(无=0)		0.084*	0.078	0.089*	0.033	0.041	0.043
企业内部有无熟人(无=0)			0.094	0.091	0.073	0.075	0.075
每天工作时间				0.072***	0.069***	0.069***	0.068***
工种类型(普工=0)							
技工					0.176***	0.157***	0.157**
管理人员					0.121*	0.116*	0.115*
其他类型					−0.042	−0.031	−0.031
企业规模(100人以下=0)							
100~299人					0.189***	0.181***	0.179***
300~999人					0.257***	0.243***	0.241***
1 000人以上					0.378***	0.363***	0.359***
产业类型(第二产业=0)						−0.147*	−0.146*
地区(长三角=0)							0.022
常数	5.190***	5.234***	5.160***	4.335***	4.241***	4.251***	4.229***
DF(自由度)	3	6	7	8	14	15	16
Adjusted R Square	0.020	0.021	0.022	0.043	0.072	0.075	0.074
N(样本量)	2 276	2 276	2 276	2 276	2 276	2 276	2 276

注：*** 表示$p<0.001$，** 表示$p<0.01$，* 表示$p<0.05$，p表示斜率。数据来源于中山大学社会学与社会工作系刘林平教授主持的2009年教育部哲学社会科学研究重大课题攻关项目——《农民工权益保护理论与实践研究》于2010年在珠三角地区和长三角地区进行的大规模问卷调查。

将农民工工资总量、基本工资和加班工资回归模型进行汇总可以得到表5.6。可见，农民工工资总量、基本工资和加班工资在以下方面存在差异。

性别对农民工工资总量和基本工资有显著正向影响，但对加班工资没有显著影响，这表明，男性农民工的工资总量高于女性农民工，但从工资结构的角度来看，男性农民工基本工资高于女性农民工具有统计上的显著性，但男女两性农民工在加班工资上的差异没有显著差异。

受教育年限越高，经受过正规职业技能培训和职业资格证书数量就越多，农民工的工资总量也越高。具体到工资结构来说，受教育年限对农民工的基本工资有显著正向影响，但对农民工的加班工资有非显著的负向影响，这表明，受教育年限对有助于提高农民工的基本工资，但与加班工资在统计上不显著；职业资格证书数量对农民工基本工资有显著正向影响，但对农民工加班工资没有显著影响，也即职业资格证书数量越多，基本工资越高，而对加班工资没有显著影响。此外，有无技能培训对农民工的基本工资和加班工资都没有显著影响。

劳动时间对农民工工资总量有显著影响，劳动时间越长，农民工工资总量越高。此外，劳动时间对农民工的基本工资有负向显著影响，对农民工的加班工资有正向显著影响，这表明农民工劳动时间越长，基本工资越低，加班工资越高。

企业规模对农民工基本工资有负向显著影响，对农民工的加班工资有正向显著影响，在大企业上班的农民工，其基本工资越低，加班工资越高。此外，企业规模对农民工工资总量有部分影响，员工规模在1 000人以上的企业较员工规模在100人以下的企业，其工资总量要高。

地区对农民工工资总量有显著影响，珠三角地区农民工工资总量低于长三角地区农民工。但农民工工资结构表明：地区对农民工的基本工资有显著负向影响，对农民工的加班工资有非显著的正向影响，这表明长三角地区农民工的基本工资高于珠三角地区，但在加班工资上没有统计上的显著性。

表5.6 农民工工资总量、基本工资和加班工资的回归模型

	自变量	工资总量模型	基本工资模型	加班工资模型
特征变量	性别（女=0）	0.187*** (0.014)	0.163*** (0.015)	0.074 (0.042)
	年龄	0.062*** (0.005)	0.043*** (0.005)	0.053*** (0.015)
	年龄平方	–0.001** (0.000)	–0.001*** (0.000)	–0.001*** (0.000)
人力资本变量	受教育年限	0.024*** (0.003)	0.026*** (0.003)	–0.001 (0.009)
	职业资格证书数量	0.026** (0.011)	0.028* (0.012)	0.024 (0.034)
	职业技能培训（没有=0）	0.049*** (0.015)	0.002 (0.016)	0.043 (0.042)
社会资本变量	企业内有无熟人（没有=0）	0.006 (0.014)	0.014 (0.016)	0.075 (0.043)
劳动时间变量	每天工作时间	0.007* (0.004)	–0.007* (0.004)	0.068*** (0.011)
企业工作变量	工种类型（普工=0）			
	技工	0.122*** (0.019)	0.071*** (0.021)	0.157** (0.055)
	管理人员	0.173*** (0.019)	0.159*** (0.020)	0.115** (0.053)
	其他类型	0.066** (0.023)	0.090*** (0.025)	–0.031 (0.076)
	企业规模（100人以下=0）			
	100～299人	0.011 (0.018)	–0.065*** (0.020)	0.179** (0.057)
	300～999人	0.032 (0.019)	–0.087*** (0.021)	0.241*** (0.058)
	1 000人以上	0.044** (0.018)	–0.114*** (0.020)	0.359*** (0.056)
产业类型	产业类别（第二产业=0）	–0.110** (0.018)	–0.110*** (0.020)	–0.146** (0.060)
区位变量	地区（长三角=0）	–0.036** (0.013)	–0.090*** (0.015)	0.022 (0.040)
常数项		6.074*** (0.095)	6.277*** (.104)	4.229*** (.286)
Adjusted R Square		0.191	0.154	0.074
DF（自由度）		16	16	16
N（样本量）		2504	2346	2276

注：*** 表示$p<0.001$，** 表示$p<0.01$，* 表示$p<0.05$，p表示斜率。数据来源于中山大学社会学与社会工作系刘林平教授主持的2009年教育部哲学社会科学研究重大课题攻关项目——《农民工权益保护理论与实践研究》于2010年在珠三角地区和长三角地区进行的大规模问卷调查。

通过比较回归模型中工资总量、基本工资和加班工资的影响因素情况，可以得出以下主要结论。

（一）男女两性在工资总量和基本工资上存在差异，在加班工资上没有显著差异

早期研究倾向于认为两性农民工的工资差异跟他们的工作岗位有关系，本研究中也表明，技工和管理人员的工资总量、基本工资和加班工资均高于普工，而男女两性农民工在加班工资上没有显著差异，这就表明，男性农民工在企业中获得管理岗位、技术性岗位的可能性要高于女性农民工，这种工作岗位差异是导致两性农民工基本工资差异进而决定工资总量差异的关键所在。因此，女性农民工在进入劳动力市场求职时获得技工和管理人员工作岗位的比例低于男性，在生产过程中得到职位晋升和提高职业技能的比例也低于男性，求职门槛和晋升门槛的叠加效应使得女性农民工的工资总量和基本工资要低于男性农民工。

加班工资不存在两性差异。这表明，加班工作作为一个开放的、面向企业内部所有工人开放的市场体系，不管其工作岗位有何区别和职业技能有何差异，在加班工作机会上所有人都是平等的，按照“多劳多得”的原则计算所有加班劳动量和核算加班工资总量，跟性别没有关系，关键取决于劳动总量。

（二）教育程度有助于提升农民工的工资总量和基本工资，但对加班工资有非显著的负向作用

受教育年限越高，进入各种大中型企业的可能性越高，获得技术型和管理型工作岗位的概率也越高，其基本工资也相对较高；而受教育年限越低，进入微小企业、家庭作坊式企业的概率较高，从事生产一线的、辅助型工作的概率也较高，其基本工资也相对较低。

加班行为作为正常工作时间之外的“额外劳动”，也是一个高度市场化和严格“按劳计酬”的生产场域，对所有农民工都是平等开放的，不管工作岗位是什么和工作技能有何差异，只要愿意都可以参加，并且加班劳动只计算劳动产量，投入时间越多，劳动产量也相应越多，这种开放的加班市场，有可能导致教育程度越高的农民工，可能越不愿意加班，加班工资反而会下降。

同理，职业资格证书数量有助于农民工获得好的工作岗位和进入规范

的大企业工作，其基本工资自然会越高，但加班工资只与付出的加班劳动有关，而跟既存的职业技能无关。某种程度上，基本工资跟农民工的人力资本存量有关，而加班工资跟农民工投入的劳动增量有关。人力资本存量越大，越有可能进入大中型企业和获得较好的工作岗位，其基本工资越高；而加班工资只与目前在岗农民工的劳动付出有关，加一份班，得一份工资，加班越多，工资越高。这从一个侧面反映，人力资本具有较强的门槛效应，但对于进入门槛以后的劳动回报作用不明显。

（三）劳动时间跟工资总量有显著正相关，对基本工资有显著负影响，但对加班工资有较强的显著正影响

这表明，劳动时间有助于提升农民工工资总量的结论跟多受到劳动时间对加班工资的正向影响，劳动时间每提高一个单位，工资总量增加0.7%，基本工资下降0.7%，而加班工资却增加6.8%。因此，农民工劳动时间越长，额外的劳动所得越多，加班工资也就越高，反过来会导致农民工基本工资占工资总量的比重下降。当然，劳动时间对农民工基本工资和加班工资的反向作用，进一步论证了基本工资决定和加班工资决定存在差异，进而也说明了对农民工工资总量理解要与工资结构分析相结合的合理性。

此外，劳动时间提升农民工加班工资和抑制农民工的基本工资，表明了农民工工资制度的不合理性和不平等性。这意味着农民工工资总量的增加更多依靠加班工资的提高，而加班工资是需要付出更多的时间和劳动来支撑，这种依靠延长劳动时间以增加工资总量的做法表明了农民工工资增长具有很强的不平等性。

（四）大企业可能建立了较为完善的加班制度，并通过压低基本工资水平迫使农民工自愿接受加班行为

企业规模越大，基本工资设置水平越低，加班工资越高。统计模型显示，加班工资的回归系数均大大高于基本工资回归系数，且前者均为正，后者皆为负；此外，企业规模在1000人以上的大企业中，不仅基本工资回归系数是最小的，而且加班工资回归系数也是最大的。可见，大企业建立了较为完善的企业加班制度，在降低基本工资水平的基础上，鼓励农民工大量投入劳动获得更多的加班工资，富士康就是典型。在这些建立了完善加班工资体制的工厂中，基本工资水平低（当然，这种低是相对的低），农民工需要不断延长劳动时间来提升工资总量，一旦外来订单萎缩和加班时间减少，就会导致加班工资降低，工资总量随之明显下跌，农民工会抱怨和不满，期待能够有更多加班和加班工资。因此，在低基本工资水平的工资格局背景下，农民工主动加班并自愿延长劳动时间，从而打通了大企业的加班生产体制持续运行的关键点。

雇工规模较大的工厂或企业，同时也是比较知名的工厂或企业，这些工厂或企业雇工人数多，员工替代性强，流动性高，自然会将这种基本工资水平低，需要不断延长劳动时间获得加班工资来提升工资总量的加班生产体制广为流传。在打工遭遇和企业环境的双重形塑下，大多数农民工不得不接受当前普遍存在的农民工加班生产体制，他们不抵触加班行为，反而会抱怨因外部经济萎缩和订单减少导致加班工资降低和工资总量下降。因此，为了提高工资水平，农民工唯有不断加班，长此以往，恶性循环的农民工加班制度日益得到强化和巩固，进而发展成农民工生产体制的基本特征。

企业规模越大，基本工资设置越低，还可能跟企业需要缴纳的社会保险基数有关。在最低工资标准设置过程中，地方政府按照《最低工资规定》要求，在考虑当地城镇居民生活费用支出、职工个人缴纳社会保险费、住房公积金、职工平均工资、失业率、经济发展水平等情况基础上制定了当地最低工资标准水平和基数。因此，社会平均工资的增长通常会导致最低工资标准的上涨，而最低工资标准的上涨，意味着企业所交纳的各种社会保险基数会增加。这样一来，大企业通过压低农民工的基本工资，可以降低农民工的社会保险缴纳基数，从而降低运行成本，与此同时，通过提高农民工的加班工资水平，既能够弥补基本工资过低给农民工带来的损失获得农民工的支持，又能够通过农民工加班劳动以获得更多的收益，一举多得。

（五）珠三角地区农民工工资权益落后于长三角地区的原因在于基本工资低，而在加班生产体制上，两地没有显著差异

农民工的工资总量和基本工资在珠、长两地有显著差异，而加班工资没有显著差异。这有两方面含义：一是加班行为在珠、长两地普遍存在，加班行为和加班制度是两地农民工生产体制的共有特征，两地农民工都不得

不接受加班生产体制，只是但在具体的加班制度和加班待遇上存在差异；二是珠三角地区农民工工资权益不如长三角地区，根本原因在于珠三角地区企业或工厂的基本工资较低。统计表明，在工资总量中地区差异的回归系数为3.6%，而基本工资中地区差异的回归系数为9.0%，前者比后者低6.4%。在加班体制相同，而基本工资设置存在较大差异的结构制约下，珠三角地区农民工工资权益低于长三角地区农民工工资权益也就顺理成章。

二、纳入地区月人均GDP后农民工工资总量、工资结构的多层次模型

（一）简单频数分析

第一，经济发展水平越高的地区，农民工月平均工资占人均GDP比重越低；经济发展水平相对较差的地区，农民工月平均工资占人均GDP比重反而较大。如表5.7所示，地区经济发展水平越高，农民工月平均工资水平占当地人均GDP比例相对越低。广州、深圳、珠海、佛山等城市农民工月平均工资占当地月人均GDP比重均在30.0%以下，而肇庆、惠州、江门等城市农民工月平均工资占当地月人均GDP比重都在50.0%以上（除江门2006年占比为46.51%，低于50.0%）。

表5.7　农民工月平均工资占地区月人均GDP比重情况（单位：%）

城市	2006年	2008年	2009年	2010年
广州	21.12	27.22	23.82	26.70
深圳	20.28	23.77	28.72	25.59
珠海	25.30	28.50	27.61	29.08
佛山	26.92	28.53	24.44	28.31
肇庆	74.23	60.20	67.50	61.68
东莞	32.76	38.49	39.41	41.34
惠州	55.52	57.60	57.84	58.04
中山	31.20	33.43	34.85	40.39
江门	46.51	53.57	65.62	55.52

注：地区人均GDP基于该年统计年鉴数据计算得出，由于缺乏长三角地区历年数据，故仅做珠三角地区分析。

第二，经济越发达的城市，农民工月平均工资占城镇在岗职工月平均工资比重越小，经济相对较差的城市，农民工月平均工资占城镇在岗职工月平均工资比重反而越大。如表5.8所示，广州、深圳、东莞等城市农民月平均工资占城镇在岗职工月平均工资比重普遍在50.0%以下，也即农民工月平均工资不及当地城镇在岗职工月平均工资的一半；而经济发展水平相对较差的城市，如肇庆、惠州、江门等等，农民工月平均工资占当地城镇在岗职工月平均工资比重均在60.0%以上。

除深圳以外，其他8市2008年和2010年这两年农民工月平均工资占城镇在岗职工月平均工资比重均高于2009年，这表明，经济周期性发展对农民工的工资水平的确有重要影响。

表5.8　农民工月平均工资占城镇在岗职工月平均工资比重情况（单位：%）

城市	2006年	2008年	2009年	2010年
广州	36.90	41.59	36.58	40.64
深圳	39.66	39.54	44.58	47.10
珠海	55.54	59.53	56.24	63.65
佛山	53.91	60.79	48.85	63.11
肇庆	69.61	69.92	70.25	75.63
东莞	41.18	46.49	42.07	46.89
惠州	76.76	70.32	69.54	76.16
中山	52.89	55.70	50.76	53.85
江门	62.84	72.59	75.27	82.37

注：城镇在岗职工月平均工资基于该年统计年鉴数据计算得出，由于缺乏长三角地区历年数据，故仅做珠三角地区分析。

可见，经济越发达，农民工月平均工资占当地人均GDP比重越小，与当地城镇在岗职工工资差距越大，而经济相对较差，农民工月平均工资占当地人均GDP比重越大，与当地城镇在岗职工工资差距越小，这意味着地区经济发展水平不同，农民工工资权益也不一样。

第三，农民工工资总量增速超过城镇在岗职工平均工资增速背后隐藏着深刻的工资不平等。如表5.9所示，2008年到2010年，珠三角地区城镇在岗职工月平均工资逐年增长，2008年为2 282.08元，2009年为2 507.67元，2010年为2 796.92元，年均增长率为10.71%；珠三角地区农民工月平均工资也逐年增长，2008年为1 484.28元，2009年为1 600.87元，2010年为1 905.25元，年均增长率为13.29%。[①]可见，农民工工资总量的年均增长率比珠三角地区城镇在岗职工月平均工资增长率高2.58%。因此，从工资总量增长情况来看，农民工的工资增长速度要快过城镇在岗职工。

就农民工月基本工资占珠三角地区城镇在岗职工月平均工资比重的情况来看，2008年为65.04%，2009年为63.83%，2010年为68.11%，2010年农民工工资总量占珠三角地区城镇在岗职工月平均工资比重较2008年增长了3.07%。[②]就农民工基本工资占珠三角地区城镇在岗职工月平均工资比重的情况来看，2008年为53.23%，2009年为54.13%，2010年为53.24%，2010年农民工基本工资占珠三角地区城镇在岗职工月平均工资比重较2008年增长了0.01%。就农民工加班工资占珠三角地区城镇在岗职工月平均工资比重的情况来看，2008年为11.81%，2009年为9.70%，2010年为14.87%，2010年农民工加班工资占珠三角地区城镇在岗职工月平均工资比重较2008年增长3.06%。

表5.9　2008—2010年珠三角农民工基本工资、加班工资占城镇在岗职工月平均工资比例

	2008年	2009年	2010年
基本工资（元）	1 214.95	1 357.57	1 489.14
加班工资（元）	269.33	243.30	416.11
工资总量（元）	1 484.28	1 600.87	1 905.25
城镇在岗职工月平均工资（元）	2 282.08	2 507.67	2 796.92
基本工资占城镇在岗职工月平均工资比重（%）	53.23	54.13	53.24
加班工资占城镇在岗职工月平均工资比重（%）	11.81	9.70	14.87
工资总量占城镇在岗职工月平均工资比重（%）	65.04	63.83	68.11

① 需要说明的是，该处年均增长速度不同于前文，是因为此处只计算了2008、2009和2010这三年的年均增长率，而前文计算的是2006、2008、2009和2010这四年的年均增长率。

② 考虑到2009年金融危机的影响，故不将2009年数据跟2008、2010年进行比较。同理，基本工资、加班工资也不做比较。

可见，农民工工资总量增速超过了城镇在岗职工月平均工资的增速，但农民工工资总量增长主要靠加班工资增速来支撑。2010年农民工工资总量占珠三角地区城镇在岗职工月平均工资的比重较2008年增长3.07%，但基本工资占珠三角地区城镇在岗职工月平均工资的比重只增长0.01%，可以忽略不计，而加班工资占珠三角地区城镇在岗职工月平均工资的比重增长3.06%，接近工资总量增速。这从一个侧面反映了农民工工资增长主要依靠加班工资增加来支撑，而加班工资增加不同于基本工资增加，基本工资一般通过直接上调来提高，加班工资则需要农民工付出劳动和时间挣来，农民工只有不断延长劳动时间和增加劳动付出才能确保月平均工资增速跟上或超过城镇在岗职工月平均工资增速。

可见，农民工依靠加班工资增加确保工资总量超过城镇在岗职工工资增速的背后隐藏着深刻的工资不平等。表面上来看，农民工的工资增长了，增速超过了城镇在岗职工，但是这种增长背后是以加班为代价的，而加班是需要额外付出劳动和时间的。因此，农民工工资增长不是基于政策设置提高了标准，而是通过延长劳动时间和增加劳动投入获得劳动报酬。这种以加班工资增长和加班劳动为代表的农民工工资增长实质上是一种“伪”增长。

（二）多层次模型分析

不同城市的经济发展水平不一样，那么地区经济发展水平与农民工的工资总量、基本工资和加班工资之间的变化是否存在一致性呢？因此，在工资总量、基本工资和加班工资的回归模型基础上，引入地区月人均GDP作为二层次变量进行多层次模型分析，考虑到地区月人均GDP的数值跟其他自变量的数值单位相差太大，故在模型中将地区月人均GDP进行了对数处理。

在工资总量、基本工资和加班工资模型中纳入地区月人均GDP之后，作为衡量是否应该进行多层次模型的ICC[①]值为0.169，基本工资模型的ICC值为0.138，加班工资的ICC值为0.151，这表明组内相关系数的总变异是由于受到不同城市经济发展水平的异质性引起的。由于各组内方差和组间方差均统计显著，可以推断ICC是显著的，从而可进一步建立多层次模型分析。

① ICC，也即组内相关系数，检验是否存在组内相关，如果数据集的ICC方差不显著，则可对数据进行多元回归分析，而不需要进行多层次模型分析。

进一步来看，建立解释变量对常数项的回归模型以及空模型，相关的统计检验指标如表5.10，根据两模型的对数似然比（L.Ratio）以及相应的p值，可以判断以地区月人均GDP作为第二层的多层次模型在统计意义上要优于多元回归模型。因此，将地区月人均GDP作为第二层的多层次模型应该能够更好地描述农民工基本工资和加班工资受最低工资标准的作用机理。

表5.10 自变量对常数项的回归模型与空模型

		Model	Df（自由度）	AIC（赤池系数）	BIC（贝叶斯系数）	logLik（对数似然）	Test（比较）	L.Ratio（似然比）	p-value（斜率）
工资总量模型	NullModel	1	3	2381.926	2399.402	−1187.963	1 vs 2	24.733	<0.0001
	NullModel2	2	2	2404.660	2416.310	−1200.330			
基本工资模型	NullModel	1	3	2118.053	2135.529	−1056.027	1 vs 2	60.472	<0.0001
	NullModel2	2	2	2176.526	2188.176	−1086.263			
加班工资模型	NullModel	1	3	6597.549	6615.025	−3295.775	1 vs 2	91.624	<0.0001
	NullModel2	2	2	6687.173	6698.824	−3341.587			

将地区月人均GDP纳入模型后，工资总量、基本工资和加班工资模型中一层次变量的作用方向基本一致，故不做详述。此外，二层次的地区月人均GDP对农民工的基本工资有负向非显著影响，对农民工加班工资有正向显著影响。如表5.11所示，地区月人均GDP对数每提高一个单位，农民工月加班工资对数会增长32.8%。可见，GDP增长对农民工的加班工资非常重要，这也可以间接证明中国经济保持较快速度增长对农民工工资权益保护具有重要意义。

表5.11 纳入地区经济发展水平后工资总量、基本工资和加班工资的多层次模型（N=2214）

一层次变量	工资总量模型	基本工资模型	加班工资模型
性别（女=0）	0.156*** (0.016)	0.114*** (0.016)	0.143 (0.040)
年龄	0.055*** (0.006)	0.022*** (0.006)	0.072*** (0.015)
年龄平方	−0.001*** (0.000)	−0.0002*** (0.000)	−0.001*** (0.0002)
受教育年限	0.019*** (0.003)	0.011** (0.004)	−0.018* (0.009)
职业资格证书数量	0.043*** (0.012)	0.041*** (0.012)	0.043 (0.030)
职业技能培训（没有=0）	0.034* (0.016)	0.001 (0.016)	0.042 (0.040)
企业内有无熟人（没有=0）	−0.010 (0.017)	0.003 (0.017)	0.044 (0.041)
每天工作时间	0.003 (0.004)	−0.011* (0.004)	0.043*** (0.011)

续表

一层次变量	工资总量模型	基本工资模型	加班工资模型
工种类型（普工=0）			
技工	0.127*** (0.022)	0.062** (0.022)	0.118* (0.054)
管理人员	0.145*** (0.0208)	0.111*** (0.021)	0.124* (0.052)
其他类型	0.060* (0.028)	0.035 (0.0284)	0.010 (0.069)
企业规模（100人以下=0）			
100-299人	−0.017 (0.022)	−0.049* (0.022)	0.177** (0.055)
300-999人	0.039 (0.022)	−0.037* (0.022)	0.208*** (0.056)
1000人以上	0.068** (0.021)	−0.068** (0.021)	0.335*** (0.053)
产业类别（第二产业=0）	−0.050* (0.022)	−0.083*** (0.023)	−0.069 (0.055)
地区（长三角=0）	−0.011 (0.032)	−0.102** (0.031)	0.150 (0.092)
二层次变量			
城市月人均GDP对数	0.0002** (0.000)	−0.019 (0.049)	0.328* (0.143)
截距	6.15*** (0.132)	6.593*** (0.446)	1.064* (0.283)
DF（自由度）	17	17	17
BIC（模型拟合度）	1987.66	2042.767	5960.887

注：*** 表示$p<0.001$，** 表示$p<0.01$，* 表示$p<0.05$。数据来源于中山大学社会学与社会工作系刘林平教授主持的2009年教育部哲学社会科学研究重大课题攻关项目——《农民工权益保护理论与实践研究》于2010年在珠三角地区和长三角地区进行的大规模问卷调查。

图5.1显示了珠三角地区和长三角地区所在城市的地区月人均GDP与农民工工资总量对数的关系：二者之间大致呈现同步增长的态势，尤其是在地区人均GDP水平较高的地区这种同步增长的态势更为明显。可见，地区月人均GDP越高，该地区农民工的月工资水平也越高。

农民工工资总量和地区经济发展水平之间的同向共进关系意味着，地区经济发展水平越高，在确定政府、企业和劳工利益分配时，用于保障当地底线民生权益的资源相对越充裕，也就越有可能提高保护农民工的权益标准，从而导致农民工工资水平与当地经济发展水平同步增长。

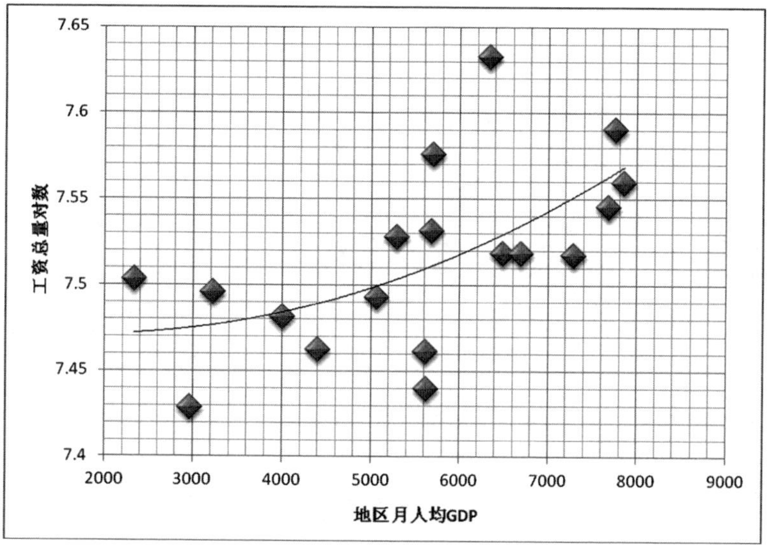

图5.1　2010年地区月人均GDP与农民工工资总量对数的关系图

图5.2呈现了珠三角地区和长三角地区所在城市的地区月人均GDP与农民工基本工资的关系：二者呈现倒“U”型关系，地区经济发展水平有助于提升农民工基本工资水平，但达到一定位置，地区经济发展水平越高，反而会导致农民工基本工资下降。就目前情况来看，地区月人均GDP为6 000元，是二者关系由同步增加向同步下降的转折点，低于该标准，地区月人均GDP越高，农民工加班工资水平越高，高于该标准，地区月人均GDP越高，农民工加班工资水平越低。

至于地区月人均GDP6 000元成为决定农民工加班工资由升到降的转折点，可能跟以下因素有关：经济发达的城市和经济相对欠发达的城市在低端劳动力市场的产业结构、企业类型、福利保障等等方面存在趋同。与此同时，经济发展水平越高，地区最低工资标准也相对越高，导致农民工工资符合最低工资标准的比例反而越低，从而出现了地区经济发展水平与农民工基本工资之间的反向关系。

经济越发达的城市，意味着经济发展机会越充裕，农民工的加班工资机会可能也越多，加班机会多意味着加班收入也较多，加班工资占农民工总量的比重也相对较大，从而导致地区月人均GDP越高，农民工的基本工资反而会下降。

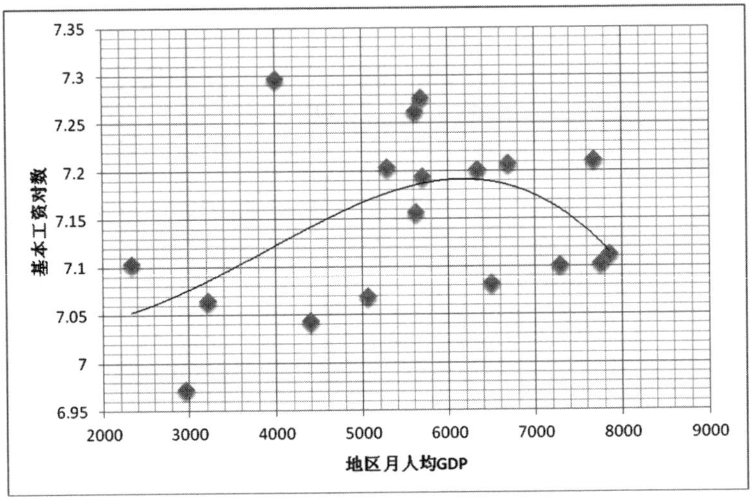

图5.2　2010年地区月人均GDP与农民工基本工资对数的关系图

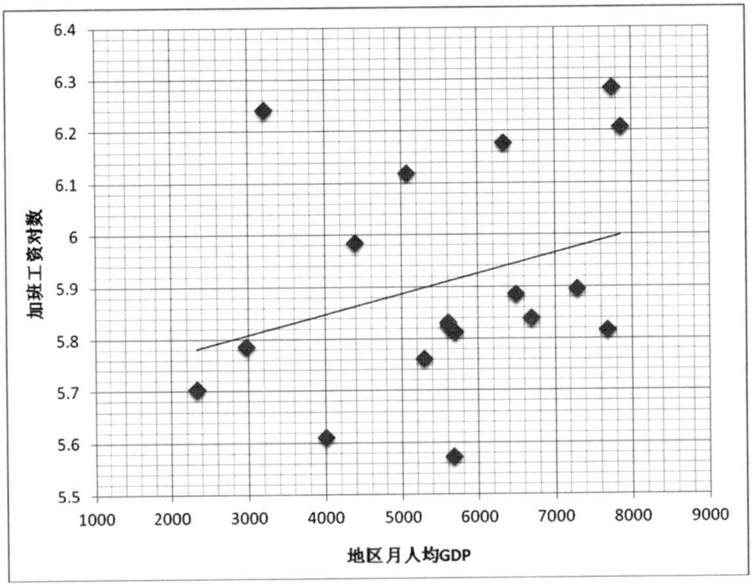

图5.3　2010年地区月人均GDP与农民工加班工资对数的关系图

图5.3展示了地区月人均GDP与农民工加班工资对数的关系：二者呈现出较为明显的同步上涨态势，地区月人均GDP越大，农民工的加班工资越

高。可见，地区人均GDP越高，当地经济发展形势较好，意味着投资、出口等都很旺盛，此时，劳动市场较为活跃，生产机会较为充裕，企业开工率较高，劳动者额外的工机会也较多，因此加班收入自然就高。此外，也与珠三角和长三角两地的经济结构和产业类型有密切关系，两地都对国外市场依赖程度较高，当全球经济形势较好时，当地经济发展就快，农民工的加班工资自然就高。

第三节 本章小结

一、农民工工资总量与工资结构

农民工工资总量与工资结构的走向存在不一致的情况，在总量分析基础上继续研究农民工的工资结构问题，有助于我们更好地理解当前农民工的工资特征。

男女两性农民工在基本工资上存在差异，而在加班工资上没有显著差异。很多研究表明，男女两性农民工的劳动回报和工资水平存在差异，但本研究证明这种差异更多源于基本工资差异，在加班工资上，男女两性没有显著差异。因此，笼统地认为农民工工资总量存在性别差异并不严谨，两性农民工的工资差异更多地表现为工资结构差异，是基本工资有差异，而在加班回报上并没有统计上的显著性。加班工资可能更多跟付出的劳动和时间有关，付出的劳动越多，时间越长，得到的回报也就越高。当然，这种劳动付出和劳动时间之所以是有效的，跟农民工所从事的非创造性、非技术性和重复性工作内容是密切相关的。

人力资本能够帮助农民工获得较好的工作岗位，而较好的工作岗位有助于提升农民工的基本工资，但较高的人力资本并不一定可以获得较高的加班工资。受教育年限越高，职业资格证书数量越多，越有可能获得技工和管理人员工作岗位，其基本工资水平也越高，因此，基本工资跟农民工的人力资本存量有关。在某种程度上，女性农民工在进入劳动力市场求职时获得技工和管理人员工作岗位的比例低于男性，在生产过程中获得职位晋升和提高职业技能的比例也低于男性，求职门槛和晋升门槛的叠加作用使得女性农民工的工资总量和基本工资要低于男性农民工。此外，劳动时间越长，加班工资越高，这表明加班是一个高度市场化和严格“按劳计酬”的生产体系，可能不考虑工作岗位和工作技能，只计算劳动产量，导致教育程度越高的农民工，有可能越不愿加班，反而加班工资水平会下降。

企业规模越大，越倾向于强化和完善加班制度。企业规模越大，基本工资越低，加班工资越高，尤其是企业规模在1 000人以上的大企业，加班工资回归系数越大。因此，企业一方面调低基本工资水平，另一方面建立了较为完善和严密的加班生产体制，迫使农民工自愿选择加班来增加工资总收入。问题在于，中国的外向型经济和订单式生产的工厂体制在大企业中尤为盛行，一旦外部经济萎缩和订单减少，导致农民工加班工资减少和收入剧减，为了提高工资水平，农民工唯有不断加班，经由此循环，农民工加班制度便得到了强化和巩固。

珠三角和长三角地区农民工权益的差距主要表现在基本工资的差距。长期以来，所有的研究都揭示了珠三角地区的农民工的劳动权益和工资水平不如长三角地区的农民工，问题在于加班行为和加班制度是珠三角地区和长三角地区农民工生产体制的共有特征，因此两地农民工在加班工资上没有显著差异。关键在于珠三角地区企业设置的基本工资水平低于长三角地区，这种基本工资设置的地区差异才是造就珠长两地农民工劳动权益和工资水平差异的根本原因所在。

技术工种和管理岗位有助于提升农民工的工资总量、基本工资和加班工资。回归模型表明，技工、管理人员较普工而言，具有较高的工资总量、基本工资和加班工资，也即劳动技能越高的农民工，其工资总量、基本工资和加班工资都要高于一线普通农民工，管理岗位的农民工也能获得较一线普通农民工较高的工资总量、基本工资和加班工资。

此社会资本对农民工工资总量、基本工资和加班工资都不具有统计显著性。与早期有关社会资本有助于提高农民工工资水平的研究结论不同，回归模型显示在企业内部有熟人，对农民工的工资总量是没有显著影响；而在企业内部有熟人，对农民工的基本工资工资和加班工资也没有显著影响。

农民工依靠加班工资增加确保工资总量增速超过城镇在岗职工工资增速的背后隐藏着深刻的工资不平等。表面上来看，农民工的工资增长了，增速超过了城镇在岗职工，但是这种增长背后是以加班为代价的，而加班是需要额外付出劳动和时间的。因此，农民工工资增长不是基于政策设置提高了标准，而是通过延长劳动时间和增加劳动投入获得的劳动报酬。这种以加班工资增长和加班劳动为代表的农民工工资增长实质上是一种“伪”增长。

二、农民工工资总量、工资结构与地区经济发展水平

地区经济发展与农民工工资总量呈现“类”线性关系，与农民工基本工资呈现出倒“U”型关系，与农民工加班工资呈现明显的线性关系。因此，笼统地认为经济发展水平越高，农民工工资水平越高可以接受，但不够严谨，通过分析地区经济发展水平与农民工工资结构之间的关系，可以帮助我们更好地理解经济发展水平与农民工工资之间关系。地区月人均GDP与农民工基本工资呈现倒“U”型关系，而地区月人均GDP等于6 000元是转折点，低于该点，则二者同步上升，高于该点，则二者同步下降；地区月人均GDP与农民工加班工资呈现明显的线性关系，地区月人均GDP越高，则农民工的加班工资水平就越高。

因此，多层次模型显示：地区经济发展对农民工工资总量的影响，不同于对农民工工资结构的影响。简单来看，地区经济发展水平有助于提升农民工工资总量，这表明，经济越发达，农民工的工资水平越高，这也是造成农民工流动的根本原因。此外，经济发展水平与农民工基本工资之间呈现倒“U”型关系，可能是因为经济发展水平越高，地区最低工资标准越高，满足最低工资标准的比例反而越低，并且经济发展水平越高，农民工加班工资越高，加班工资占工资总量比相对越大，从而导致地区经济发展水平与农民工基本工资的反向关系。当然，经济越发达，经济工作机会越多，农民工的加班工资自然也就越高。

第六章　最低工资标准与农民工工资总量及结构

最低工资标准是保障低收入群体基础权益的重要制度，自实施以来一直面临着对于其负面效应的质疑和争论。其争议点包括最低工资水平如何设定，依据什么因素设置的最低工资标准是科学的，最低工资标准会对就业产生怎样的冲击，最低工资标准会不会抑制雇主的生产积极性和劳动者的工作积极性等等。就我国的情况来看，最低工资标准制度作为国家直接干预劳动力市场和进行社会管理的重要手段，对农民工的工资水平发挥着较为明显的调节作用，它不仅肩负着保障农民工的底线权益，而且对于推动缩小农民工与城镇职工收入差距，维护社会稳定与和谐具有重要意义。

考虑到2004年以来最低工资标准作为国家重要的法律规则所具有的重要意义和所肩负的重要使命，因此，本章专门讨论最低工资标准对农民工工资总量和工资结构的影响。通过分析最低工资标准如何作用于农民工工资的总量和结构，厘清最低工资标准对农民工工资问题的作用路径，同时回应当前理解最低工资标准效应的误区和争议。

因此，本章内容主要包括三个部分：第一部分主要讨论最低工资的概念发展、实践运行和效应论辩；第二部分主要研究最低工资标准和城镇在岗职工平均工资、地区月人均GDP之间的关系；第三部分在回归模型的基础上引入地区最低工资标准作为二层次变量进行多层次模型分析。

第一节　最低工资标准概念发展、实践运行与效用论辩

一、最低工资标准概念发展

在《国民财富的性质和原因的研究》一书中，亚当·斯密指出劳动工资有一定的标准，在相当长的时期内，即使最低级劳动者的普通工资也不能减到这一标准之下（亚当·斯密，1972商务印书馆出版），也即著名的生存工资理论，该理论从自由竞争的角度旗帜鲜明鲜明地提出了劳动工资下限存在的必要性和重要性，对当时自由资本主义发展过程中侵害工人利益的行为进行了批评和警醒。

在马克思、恩格斯看来，工资作为劳动力价值的反映和体现，理应同一定的社会经济发展阶段密切联系，工资需要包含着历史的和道德的因素（马克思，恩格斯，1972），工资水平和工资决定不仅不能够脱离当时的经济社会发展水平，而且必须具有与社会经济发展阶段相适应的道德意义和文明价值，在不同国家和不同时期应该存在差异。后来，在论述雇用劳动和资本关系的时候，马克思和恩格斯提出了最低工资的概念，即简单劳动的生产费用就是维持工人生存和延续工人后代的费用。这种维持和延续后代的费用的价格就是工资，这样决定的工资就叫作最低工资（马克思、恩格斯，1972）。

进入20世纪以来，随着资本主义由自由资本主义向垄断资本主义的转变，最低生活工资，也即通常所说的 a living wage，就日益受到学界的关注和重视。瑞安（1906）在《生活工资：伦理学和经济学的视野》一书中提出“获得最低生活工资是人类的自然权利”，并且最低生活工资标准要与当前的社会发展和工业化水平相适应，受当时各种因素的影响，美国城市中60%的劳工的工资所得并不足以维持在城市的最低生活工资标准（瑞安，1906）。美国波士顿教育与工业工会（1911）调查了波士顿女性的收入与支出的关系，从而发现了构成女性的最低生活工资标准，主要包括食物、房租、衣服、健康、储蓄、娱乐和教育等等，通常每周9～11美元代表着最低生活标准。只有达到每周9～11美元才能维持基本的收入和支出之间

的平衡，一旦高于该标准，实际支出结构中的食物和房租所占比例便会逐渐增多。芭芭拉·阿莫斯加（1932）进一步提出最低工资和社会保险共同构成最低生活工资，而最低生活工资通常由两大因素构成：一方面是最低工资立法，建立一个不能低于该标准的工资水平；另一方面是社会保险，即使没有收入来源时也需要确保最低生活工资标准不发生变化（Barbara N. Armstrong，1932）。因此，最低工资作为国家以立法的方式干预企业工资分配的一种制度（彭仁贤，韩兆洲，2011），其目的是通过政府干预减少经济自由发展的不确定性及保护弱势劳动者在利益分配过程中的合法权益。

与大多数学者支持建立最低工资标准主张一致，作为一家以国际劳工标准处理有关劳工问题的联合国专门机构，国际劳工组织也在全球范围内持续推动和实践最低工资制度。1928年国际劳工组织第26号公约《确定最低工资办法的制订公约》规定，凡批准该公约的国家应该在本国为那些无法通过用集体协议或其他方式得到有效规定工资，且工资特别低的若干行业或部门中工作的工人，确定最低的工资率。不久之后，国家劳工组织又于1970年通过了131号公约《发展中国家确定最低工资公约》，提出要维护发展中国家劳动者的工资权益和劳动权利。

自改革开放以来，我国开始实行最低工资制度，并建立了最低工资标准周期性调整政策。2004年颁布的《最低工资规定》对最低工资概念做出了明确限定，即“最低工资标准，是指劳动者在法定工作时间或依法签订的劳动合同约定的工作时间内提供了正常劳动的前提下，用人单位依法应支付的最低劳动报酬。”①针对劳动雇用形式和劳动者工作形态的差异，最低工资标准一般会设定小时最低工资标准和月最低工资标准，前者适用于非全日制就业人员，后者适用全日制就业者。此外，最低工资标准一般保证至少两年调整一次。

二、最低工资标准的测度指标

在郭铁民（1999）看来，当前大多数国家包括西方资本主义发达国家，

① 《最低工资规定》，劳动和社会保障部，2004年3月1日。

也普遍实行最低工资制度：加拿大、日本、西班牙、荷兰等发达资本主义国家实行所有行业工人均执行制度工资制度；法国、比利时等国规定在不同行业中实施不同的最低工资制度；英国、爱尔兰等在不同产业部门规定最低工资限额但不同产业部门的限额可以不同；奥地利、挪威、瑞士等国家只对极少数工人规定最低工资限额（郭铁民，1999）。不同于发达资本主义国家的做法，发展中国家普遍将最低工资作为工资制度发展的重要手段，不仅通过变动最低工资标准来调节工资水平，而且将工人的基本生活需求作为制定最低工资标准的重要依据，通过制定普及型的最低工资标准制度来保障工人的基本权益，同时又极力避免最低工资标准制度对经济发展和劳动力市场带来的负面影响。

通常来看，衡量最低工资标准有三个指标：第一是最低工资跟人均GDP的比率，可以解释一个国家劳动力的价值；第二是最低工资与职工平均工资的比率，用以说明分配是否公平；第三是最低工资的增长比例和调整频率，可以展示政府对低收入群体的关注和重视情况。韩兆洲、魏章进（2011）横向比较了2008年全国35个城市最低工资与职工平均工资发现：全国35个大中城市最低工资标准与当地平均工资的平均比例为26.8%，中位数为26.8%；比例最高的是石家庄（39.6%），比例最低的是北京（17.0%），而国际上该比例的通行标准为40%～60%。可见，现有的最低工资标准设置要远远低于国际通行标准的下限，工资分配不平等现象较为明显。

三、最低工资标准的实践与变迁：以全国和广东为例

（一）最低工资标准在中国的实践与变迁

我国最低工资立法始于1993年11月24日劳动部印发的《最低工资规定》，其中提出："国务院劳动行政主管部门对全国最低工资制度实行统一管理，省、自治区、直辖市人民政府劳动行政主管部门对本行政区域最低工资制度的实施实行统一管理"[①]，这标志着最低工资标准开始在中国建立。1993年颁布的《最低工资规定》还规定："最低工资"是劳动者在法定工作

① 《最低工资规定》，劳动部【1993】333号。

时间内提供正常劳动的前提下，其所在企业应支付的最低劳动报酬，其中最低工资率是指单位劳动时间的最低工资数额①。其中，最低工资的组成部分不包括：（1）加班加点工资；（2）中班、夜班、高温、低温、井下、有毒有害等特殊工作环境、条件下的津贴；（3）国家法律、法规和政策规定的劳动者保险、福利待遇。

1994年7月5日，全国人大第八届八次会议通过的《劳动法》第48条规定："国家实行最低工资保障制度，最低工资的具体标准由省、自治区、直辖市人民政府规定，报国务院备案"②，第49条规定："确定和调整最低工资标准应当综合参考下列因素：（1）劳动者本人及平均赡养人口的最低生活费用；（2）社会平均工资水平；（3）劳动生产率；（4）就业状况；（5）地区之间经济发展水平的差异"，因此，1994年《劳动法》确立了最低工资标准制度在我国的基本法律地位。

2004年，劳动和社会保障部在总结以往实践经验的基础上，颁布《最低工资规定》，其中指出："最低工资标准，是指劳动者在法定工作时间或依法签订的劳动合同约定的工作时间内提供了正常劳动的前提下，用人单位依法应支付的最低劳动报酬。其中，正常劳动是指劳动者按依法签订的劳动合同约定，在法定工作时间或劳动合同约定的工作时间内从事的劳动。劳动者依法享受带薪年休假、探亲假、婚丧假、生育（产）假、节育手术假等国家规定的假期间，以及法定工作时间内依法参加社会活动期间，视为提供了正常劳动"③。同时，"最低工资标准一般采取月最低工资标准和小时最低工资标准的形式。月最低工资标准适用于全日制就业劳动者，小时最低工资标准适用于非全日制就业劳动者。"并且"省、自治区、直辖市范围内的不同行政区域可以有不同的最低工资标准，最低工资标准每两年至少调整一次"④。并且"劳动者由于本人原因造成在法定工作时间内或依法签订的劳动合同约定的工作时间内未提供正常劳动的，不适用于本条规定"⑤。此

① 《最低工资规定》，劳动部【1993】333号。
② 《中华人民共和国劳动法》，全国人民代表大会常务委员会，1994年7月5日。
③ 《最低工资规定》，劳动和社会保障部，2004年3月1日。
④ 《最低工资规定》，劳动和社会保障部，2004年3月1日。
⑤ 《最低工资规定》，劳动和社会保障部，2004年3月1日。

外，鉴于中国地区经济发展水平不平衡和市场化程度差异较大，制定全国统一的最低工资标准尚不现实，因此，《最低工资规定》仅规定了最低工资标准的定义、形式、适用范围、考虑因素及测算方法等问题，而“最低工资标准的确定和调整方案，由省、自治区、直辖市人民政府劳动保障行政部门会同同级工会、企业联合会、企业家协会研究拟订，并将拟订的方案报送劳动保障部”①。

截止到2004年11月西藏颁布当地的最低工资标准为止，我国有31个省、自治区和直辖市全部建立了各自的最低工资制度，并正式公布了最低工资标准。其中有23个省（区、市）还制定了小时最低工资标准，26个省（区、市）在制定最低工资标准时，把劳动者应缴纳的社会保险费用、住房公积金（三险一金）作为参考因素。

2008年全球性金融危机爆发，受全球市场波动影响，中国东南沿海地区外向型劳动密集型企业遭遇了生产困境，有企业停产停工，部分农民工被迫返乡。为降低用人成本和维护企业正常生产，人力资源与社会保障部于2008年11月17日发出通告，提出“要妥善处理工资和工时问题；结合当前经济形势和企业实际，近期暂缓调整企业最低工资标准”②。这标志着自2004年以来最低工资标准作为地方政府调控劳动力市场的重要政策面临着考验，这预示着最大工资标准调适市场同样需要适应市场经济运行的一般规律，也表明围绕最低工资标准的争议将会持续存在。

暂缓调整最低工资标准，并不表明最低工资标准的地位被动摇。在2009年3月9日举行的“应对国际金融危机中工会组织的作用”专题采访活动中，全国总工会宣传教育部部长李守镇（2009）表示：“工会不赞成取消最低工资标准制度，实行最低工资标准作为维护普通劳动者利益的重要手段，也是普通劳动者最基本生活的保险绳”③。这既是政府在金融危机期间公开表态支持最低工资标准的制度宣言，也表明最低工资制度作为维护劳动者基础性

① 《最低工资规定》，劳动和社会保障部，2004年3月1日。

② 《把稳定就业局势作为当前头等大事——人力资源社会保障部采取措施应对当前经济形势》，新华网，2008年11月17日。

③ 《应对国际金融危机中工会组织的作用”专题采访会》，http://www.chinanews.com/313/2009/0309/16.html

权益的政策地位。党的十八大以来，随着中国经济稳中向好，随着中国劳动力市场不断发展，最低工资标准动态调整和运行也步入正轨，2018年9月，人力资源和社会保障部发布了最新的全国各省市最低工资标准。

（二）最低工资制度在广东的实践与变迁

珠海市是广东省乃至中国最早实行最低工资标准的地区（1998年实行），但最低工资标准真正在广东省全面铺开与2003年年底和2004年年初珠三角地区出现的“民工荒”现象有密切关联。自2004年珠江三角洲地区、长江三角洲地区和福建等地相继爆发“民工荒”现象以来，除2009年受全球性金融危机影响外，几乎每年春节过后都会出现大量有关“民工短缺”的议题，而与“民工荒”议题相伴随的则是农民工低工资现象，农民工低工资现象不仅表现在工资水平低，而且工资增长缓慢。因此，最低工资标准的重要使命就是肩负着确保农民工获得维持生存和发展最低限度的工资水平，并根据经济发展、物价变化、劳动力供求等因素而周期性上调最低工资标准。具体来看，具有以下基本特征。

（1）2004年以前最低工资标准基数低、分类多，最高档与最低档之间的差距在扩大。除1995年采用的是五档次分类外，大多数年份均采用七档次分类法，1999年还采用了八档次分类法。可见，七档次及以上分类方法虽然考虑了地区之间经济发展水平的差距和不同城市居民生活水平的差异，但在客观上也造成了工资标准较低地区农民工的工资起点和工资水平跟广州、深圳等地相差较大，从纵向来看，也导致了最高档和最低档之间的差距在扩大。其中，2001年广东省最低工资标准中最高档次是最低档次的1.77倍，2002年广东省最低工资标准中最高档次是最低档次的1.82倍，2004年广东省最低工资标准中最高档次是最低档次的1.94倍。

（2）2004年以后最低工资标准规范性增强，档次减少，最高档和最低档的差距在缩小。2005年广东省人大常委会颁布了《广东省工资支付条例》，将最低工资标准和工资正常支付结合起来进行管理。与2004年及以前比，2005年以来最低工资标准的一个显著变化就是工资等级逐渐减少，逐渐建立了五档次分类法，且同一年最高档次工资水平和最低档次工资水平的差距在缩小，2011年最高档次只有最低档次的1.53倍。

（3）2004年以来，最低工资标准保持较大幅度增长。通过计算不同年份最低工资标准的平均值[①]，可以发现，2004年以来广东最低工资标准增幅较大，基本上保持了两位数的增长。其中，2004年较上一年增幅最大，这可能与当年爆发的“民工荒”现象有直接关系，同时，2004年也可以算是最低工资标准强力干预劳动力市场的“元年”。此后2008年增幅要低于之前的2007年和之后的2010年，2009年最低工资标准没有调整，这可能与2008年和2009年遭遇的全球金融危机的影响有关。

2004年以来，广东省最低工资标准整体保持了较快的增长态势，但这种增长受经济发展形势干扰较大，2004年面临劳动力短缺问题，最低工资标准较之前大幅提高，2008和2009年遭遇金融危机影响，最低工资标准增幅下降或不作调整，2010年至今经济恢复正常增长了，最低工资标准的增幅保持了两位数的增长态势，平均每年的增幅在20.0%左右（如表6.1所示）。

表6.1 广东省最低工资标准变迁情况

年份	最低工资标准平均值（元）	较上一年增减比例（%）
1995年	252	—
1996年	290	+15.08
1999年	361	+34.82
2001年	357	-1.11
2002年	332	-7.00
2004年	476	+43.37
2006年	604	+26.89
2008年	682	+12.91
2010年	826	+21.11
2011年	1050	+27.12

① 将该年每一档次的最低工资标准数值加总除以该年最低工资标准档次数得到该年最低工资标准的平均值。此外，不同年份的最低工资标准详见附件一。

续表

年份	最低工资标准平均值(元)	较上一年增减比例(%)
2013年	1250	+19.05
2015年	1491	+19.28
2018年	1796	+20.45

自1995年至今，广东省最低工资标准制度大致经历了两个发展阶段：第一阶段为1995年至2004年，最低工资标准档次多，最高档和最低档差距在扩大，并且增幅不稳定，有增有减；第二阶段是2004年以后，最低工资标准档次减少，最高档和最低档的差距有缩小，基本保持两位数的增长速度。

四、最低工资标准的效用论辩

最低工资标准制度作为保护一线劳动者和普通劳工合法权益的国家政策，从制定到实施一直存在争议和不同看法，在实践运行过程中也经受了各种考验，尤其是学术界对此争议较大。当前，有关最低工资标准的效用大致可以分为三派：一是反对派，二是支持派，三是调和派，具体观点如下所示。

（一）反对最低工资制度干预，主张自由竞争和资源自发配置

自由主义认为，市场的自由竞争可以提高效率和克服经济发展过程中的不足和缺陷，但市场自由竞争无法解决弱势社群的权益保护问题。在崇尚效率和竞争的自由市场中，弱势社群会被自由经济不断孤立和边缘化，这种孤立和边缘化是自由市场和自由竞争导致的客观后果。最低工资制度作为政府干预劳动力市场，克服市场经济发展过程中存在不公平问题的重要工具。问题在于，行政干预市场或者说政府采用强制性手段介入劳动力市场分配的做法是否合法有效，不同学者具有不同的看法。

斯蒂格勒（1946）在《最低工资立法经济学》中指出，“当政府干预劳动力市场的供需关系时，必然会导致一般均衡工资高于最低工资，此时，会造成劳动力需求小于劳动力供给，具有就业意愿的劳动力数量必然会超过企业用工规模，失业现象就会出现。当就业供给超过就业需求时，政府出于降

低失业压力的考虑，倾向于采取积极的经济增长政策进行刺激，但积极的经济刺激政策又会导致价格水平上涨和造成实际工资下降，当实际最低工资下降到一定区间时，政府进而又会采取提高最低工资干预市场，从而形成恶性循环。与此同时，即便最低工资低于均衡工资，就业可能不会受到影响，但是劳动者的合法利益却遭受侵害。”[①]在斯蒂格勒（1946）看来，作为解决贫困问题而出现的最低工资制度，既达不到缓解贫困问题的目的，反而会扭曲资源配置，不利于市场经济的自由发展。

张五常（2000）旗帜鲜明地反对政府实施最低工资干预，在他看来，一旦劳动者工资过高，工人工资所占企业成本比例过高，企业产品因劳动力成本过高而出现产品在国际市场上竞争力减弱的态势（张五常，2000）。在2004年3月1日人力资源与社会保障部发布的《最低工资规定》的三个月后，他在《南方周末》上又撰文指出：“最低工资力图维护低收入的贫穷工人的权益，但最终会干扰下层找工作；中国经济增长很大程度上是劳动人口的竞争力促成，任何削弱劳动人口竞争力的政策都不应该考虑；最低工资制度会种下祸根，当经济进一步发展或转型升级时会形成很多困难；最低工资本质上是一种价格管制，最终会降低中国企业竞争力和破坏工商业分红制度，虽然旨在维护最低收入者的权益，结果却是导致下层工人找不到工作。总之，最低工资标准，不仅会产生较多的直接不良后果，而且会出现间接阻碍合约选择的破坏性影响”[②]。具体来看，张五常（2004）反对最低工资基于五大理由：一是最低工资制度会造成失业率上升，穷人最终会受到伤害；二是员工其他类型的福利会大打折扣；三是外来工进城务工会更加困难，阻碍城市化发展；四是导致社会治安形式恶化；五是从长远看会削弱中国出口企业的竞争力。因此，市场经济应遵循自由、自发势自治的原则，劳动力的流动与劳动力的价格不应受市场自发力量以外的任何因素的干扰，任何干预劳动力市场和劳动力价格的手段、措施、技术和政策都有可能打破现有的平衡状态，不是出现短期问题，就会形成长期负面影响，或者短期或长期都会面临

---

① 【美】库尔特·勒布，托马斯·盖尔·穆尔（编），吴珠华（译），1999，《斯蒂格勒论文精粹》，北京：商务印书馆。

② 张五常，2004，《另眼看最低工资》，《南方周末》，2004-6-19。

困难，而市场经济出现问题或面临困难，皆因政府的行政干预造成。

薛兆丰（2004）指出决定劳动力价格的唯一因素是劳动力市场供求关系，最低工资标准只规定了货币工资，但货币工资仅属于劳动者全部报酬的一个组成部分，只有加上劳动保障、医疗、居住、有薪假期、工作环境、职业培训等要素才构成“全部报酬”，用法律来硬性规定其中的货币工资，那么雇主通常会在长期内调节其他类型的报酬，促使“全部报酬”回落到原有的较低水平，迫使法律失效。此外，政府强制提高最低工资标准会导致下层工人大量失业、企业用工成本上涨和竞争力下降等不良后果（薛兆丰，2004）。

平新乔（2005）认为与已经实行了上百年最低工资制度的西方工业化国家相比，我国在很多方面存在差距：一是我国现存65%的农村剩余劳动力，在当前农民收入普遍偏低的情况下，大多数农民工不得不接受低于最低工资标准的工作，会使得最低工资制度形同虚设；二是提高最低工资标准会增加民营企业用工的实际成本和违约成本，进而会降低城镇就业总量。可见，在平新乔（2005）看来，我国现行的最低工资标准过高，最低工资标准的设置没有参考当前我国的生产力水平和外来工的机会成本。与西方发达资本主义国家相比，我国存在一个“二元户籍”制度和大量剩余劳动力的情况，一般而言，一位农民较低的年农业收入会构成他进城以后接受低工资标准的真实机会成本。因此，在农村劳动力过剩和大量农民工愿意接受低于最低工资标准工资的结构性背景下，人为地提高最低工资标准会进一步增大民营企业用工的实际成本和违约成本，在实际运行过程中会降低城市就业总量，阻滞城市化的发展与进程（平新乔，2005）。在平新乔（2005）看来，最低工资标准作为一种外来引进的制度，在未经本土化而纳入市场经济运行过程中，不可避免地会产生“水土不服”，作为一种直面现实社会的政府干预，不仅要考虑中国的制度背景和劳动力市场区隔，而且需要考虑劳动主体的意愿和偏好，任何忽略中国国情而直接植入外来制度的做法都有可能产生适得其反的效果。

周业安和宋紫峰（2006）指出若要充分发挥工资的激励作用，仅采取劳动管制等正式制度，比如最低工资法等是无法有效发挥工资的激励功能的。

根本在于最低工资立法着眼于一个绝对的工资水平，其实施可能会挤压公平、动机、意愿、成就等非正式制度的激励效果，最终会不利于资源配置。因此，一种正式制度的实施，要考虑到非正式制度因素的作用，要将正式制度嵌入非正式制度构成的社会环境，充分调动非正式制度对正式制度的积极支持功能。

张建武（2006）认为：一是政府对工资这一种市场价格信息的干预，会导致市场信号失真，当最低工资标准高过市场工资水平，此时，企业继续依据劳动力的边际成本与边际收益相等的原理雇用员工，就可能会导致失业现象出现；二是最低工资法直接干预劳动力市场的日常运行会出现劳动力资源的低效率配置的现象；三是最低工资标准可能会丧失一部分竞争优势，迫使企业大力向技术和资本密集型升级转型，从而减少劳动力的雇用，造成巨大的就业压力。因此，市场经济的自由、自发运行，会自动实现资源的合理配置，任何干预和影响自由市场运行的制度，都有可能干预自由市场的正常运行轨道，导致运行结果偏差。

可见，自由主义者普遍认为，劳动力自由流动和竞争是促使中国经济迅速发展的重要支持力量，一旦对劳动力的价格进行行政管制就会减弱劳动力竞争力和削弱中国经济竞争力，进而会危害中国经济发展，尤其是当中国经济发展遭遇周期性低谷时，这种破坏性影响更大；从微观的角度来看，最低工资会影响企业的竞争力，工会联合起来会导致行业罢工，最终会造成下层劳动者失业。总之，最低工资制度会影响国家、企业和劳动力的竞争力，并且会出现异化，不仅不会维护低收入者的合法权益，反而会导致下层工人失业。

（二）支持最低工资标准制度，认为有利于劳资关系和谐和增强国家竞争力

以常凯（2006）为代表的学者则坚持认为最低工资等必要的成本一定要提高，从长远来看，最低工资标准有利于保持劳资关系稳定，有利于提高企业和国家的竞争力。在支持建立最低工资标准制度的学者看来，最低工资标准可以保护弱势劳工的合法权益，能够规范企业的管理和经营，推动建立劳资双方的和谐关系，从宏观上改善劳动者收入分配总水平和确保一线劳动者

能够共享社会发展成果。

针对最低工资标准制度的作用和功能，人力资源和社会保障部劳动科学研究所的张丽宾（2006）认为最低工资制度是一种基本保障制度，在劳动力市场制度不健全、劳动力供求关系不对称和强资本与弱劳工的背景下，实施最低工资保障制度，能够满足企业用工需求，推动企业考虑经济转型和产业升级。最低工资制度作为一种保障制度，而非经济杠杆，在不导致就业总量减少的基础上改善就业质量，在不影响宏观经济运行的前提下，提高微观劳动者的个人收益。杨涛（2006）也认为最低工资制度可以弥补政府在劳动力价格形成过程中的职能缺位，可以表达政府平衡效率与公平的地方治理理念，可以推动福利改善和长期效率。尤其是实践表明，自1993年最低工资标准制定后，失业率增速出现了小幅降低。常凯（2006）在诺斯的最低工资经济学的理论基础上提出反对最低工资制度的说法不合理，中国一没有形成无限制的劳动力市场，二是现有工会力量和工会会员影响均较弱和劳动力市场缺乏制衡的组织体制，这就显得作为政府干预重要手段的最低工资标准制度变得不可或缺。在一个强资本和弱劳工的社会中，在缺乏工会有力支撑的市场中，政府利用行政手段发挥干预作用就显得十分必要和重要。

韩兆洲和安宁宁（2007）以深圳市最低工资标准运作为研究对象，指出最低工资标准提高并没有对广东的失业率产生显著影响，适度提高最低工资标准既不会导致失业率的提高，又能够最大限度地提高贫困工人的收入水平和生活水平，而且能够促进社会稳定与社会和谐。因此，最低工资标准是一种既不造成失业，又有利于保护弱势劳工权益的手段，并且具有很强的正面社会效应，理应受到支持。

（三）最低工资标准制度的效用存在临界点，要一分为二看待

何帆（2004）通过分析国外经济学家对最低工资态度及最低工资实践指出："美好的愿望并不一定会达到其预期的效果，最低工资标准的出台，在惠及劳动力市场中的弱势劳动者的同时，也需要考虑社会政策中的零和博弈现象，既要弥补输家的损失，也要考虑赢家的损失，毕竟'无人受损人人受益'的帕累托式改革只是特例，不是常态，这适用最低工资标准制度。"蔡昉（2004）提出，最低工资标准的制定很重要，但是标准过高或过低都既不利于保护劳动者的权益，也会影响劳动力市场良性发育。此外，在经济社会发展的不同阶段，最低工资标准的作用也不相同，要针对经济稳定发展阶段和低谷阶段，设置不同的最低工资标准及水平。当然，不考虑劳动力市场供求关系的现状及发展态势，一味地提高最低工资标准，同样会适得其反，导致企业用工成本增加和企业用工意愿下降。此后，蔡昉（2008）继续指出，政府应该避免过度依靠行政干预来影响劳动力市场工资的形成，制定最低工资政策的目的一方面在于保护劳动者权益，另一方面要预防增加企业用工成本，维系企业和劳方的共同利益。因此，最低工资标准制度作为一种保护机制，不仅可以预防企业恶意用工，而且可以确保一线劳动者能够共享社会发展成果。

也有学者用实证资料证实了最低工资标准只要合理控制，就能够发挥积极作用和避免负面影响。罗小兰（2007）利用农民工两部门模型证实了最低工资标准对农民工就业的效应，指出最低工资标准存在一个对农民工就业的阈值，在该阈值之下，最低工资标准具有正作用，且弹性较大；超过该阈值，农民工就业情况会随最低工资标准的提高而不断减少。权衡和李凌（2011）基于上海市实证资料指出：最低工资标准发挥了正面效应，促进了低收入户的工资增长，保护了低端劳动者的合法权益，缓解了劳资关系，但一味提高最低工资标准会对劳动者的就业行为产生负面影响。

马双、张劼和朱喜（2012）利用1998—2007年规模以上工业企业报表数据统计分析发现：最低工资上涨从整体上提高了员工的工资水平，最低工资每增加10%，企业平均工资将增加0.3%～0.6%；但是最低工资上涨对不同行业的作用存在差异，最低工资每增加10%，劳动密集型行业将增加平均工资0.61%，而其他行业仅增加0.28%；最低工资上涨与企业现有工资水平密切相关，工资水平越接近最低工资标准附近的企业，受到最低工资上涨的影响相对越大，最低工资每上涨10%，该类型企业员工的平均工资将提高工资0.63%。此外，该研究还揭示最低工资上涨会减少失业，最低工资上涨10%，会导致企业用工人数显著减少0.6个百分点（马双、张劼、朱喜，2012）。最低工资制度的实施，在一定程度上的确提高了就业者的工资水平，但与此同时，它使就业人数出现了一定程度的下降（马双、张劼、朱喜，2012）。

可见，围绕最低工资标准的效应，学界展开了充分的讨论和对话，对于最低工资标准的效用问题是仁者见仁、智者见智，即便有相关研究证实了最低工资标准确实有助于提升农民工的工资水平，但都停留在总量分析基础上，鲜有研究涉及最低工资标准和农民工工资结构的理论探讨和实证分析。

第二节　最低工资标准与农民工工资总量、工资结构分析

都阳、王美艳（2008）指出到20世纪90年代末，中国几乎所有地级市及以上城市都建立了最低工资制度，2004年以来，中国的最低工资制度增长非常显著，调整频率较快（都阳、王美艳，2008）。虽然有关最低工资标准的研究有很多，但问题在于，有关最低工资标准的批判也好、支持也好，大多都停留在理论分析和宏观推理上，要么基于市场自由竞争的思路指出行政干预市场的破坏性后果，要么基于政府保护的逻辑提出保护弱势劳工的公共道义；此外，有关最低工资标准的实证研究支持最低工资标准的保护作用和正面功能，但均采用总体分析思路，从总体上看待最低工资标准对于农民工的工资效应，鲜有研究从结构角度看待最低工资标准对农民工工资决定的影响。

为此，本书认为有关最低工资标准对农民工工资决定的争议或许在工资结构视角中可以得到澄清。在本节中，本书将利用问卷调查数据进行实证分析，并在统计分析的基础上回应上述争议。

一、最低工资标准效用评估

为了更直观地评估最低工资标准的效用，参照国外对最低工资标准的平均指标，本书也计算了2006年至2010年珠三角地区最低工资标准和地区月人均GDP、城镇在岗职工之间的比例关系，具体如下所示。

（一）所有年份和所有城市的月最低工资标准占月人均GDP比重均在50%以下，其中经济越发达，最低工资标准占地区人均GDP比重越低

如表6.2所示，分地区来看，除肇庆2006年最低工资标准占地区人均

GDP比重为44.03%外，其他所有城市最低工资标准占地区人均GDP比重未超过40.0%，这充分体现了农民工的劳动力价值不受重视。其中，珠三角地区的核心城市，如广州、深圳、珠海、佛山、中山等，月最低工资标准占月人均GDP比重均在20%以下，相反，珠三角地区的非核心城市，如惠州、肇庆、江门等，最低工资标准占月人均GDP比重均在20.0%以上，尤其是肇庆，最低工资标准占月人均GDP比重均在30.0%以上。可见，经济越发达，农民工的劳动力价值越不受重视，在经济发展水平相对较差的城市，农民工的劳动力价值反而更重要。

分年份来看，除广州、深圳外，珠三角地区其他城市2009年月最低工资标准占月人均GDP比重均小于其他年份，这可能跟2009年最低工资标准未做调整有关。此外，除深圳外，其他城市2010年最低工资标准占月人均GDP比重均低于2006年，这意味着，与2006年相比，当前农民工劳动力的价值有所下降。

表6.2　珠三角地区最低工资标准占地区月人均GDP比重（单位：%）

城市	2006年	2008年	2009年	2010年
广州	14.98	13.50	13.00	14.13
深圳	13.24	13.66	13.55	14.00
珠海	15.87	13.83	13.58	14.17
佛山	16.43	13.58	12.89	13.75
惠州	29.38	25.32	24.26	25.15
东莞	21.14	18.31	18.86	20.91
中山	19.58	17.46	17.06	18.16
江门	31.50	26.88	25.94	27.29
肇庆	44.03	34.73	30.86	30.44

注：深圳市关内和关外最低工资标准不一样，故取关内和关外的平均值；

2009年广东省没有调整最低工资标准，故沿用2008年标准。

地区月人均GDP基于该年广东省统计年鉴计算得出。

（二）绝大多数城市在所有年份的最低工资标准与城镇在岗职工月平均工资比重均低于国际标准下限的40.0%，其中经济越发达，最低工资标准占城镇在岗职工月平均工资比重越低

最低工资与职工平均工资的比率可以用来彰显分配的公平程度，一般而言，最低工资占职工平均工资比重越高，社会分配越公平，弱势群体越受到重视。通常来看，发达国家的最低工资与社会平均工资的比例多数稳定介于40%～60%之间。

如表6.3所示，分地区来看，除了2006年惠州和江门的月最低工资标准占城镇在岗职工月平均工资比重超过40.0%外，其他所有城市在所有年份中最低工资标准占城镇在岗职工月平均工资的比重均低于国际标准下限的40.0%。此外，珠三角地区的核心城市，如广州、深圳、东莞等，最低工资标准占城镇在岗职工月平均工资的比重均从未超过30.0%，而珠三角地区的非核心城市，如惠州、江门等，最低工资标准占城镇在岗职工月平均工资的比重均稳定在30.0%以上。可见，经济越发达，最低工资标准占城镇在岗职工工资比重越低，社会不公平程度越低，相反，经济发展相对较差的城市，社会分配公平程度要好些。

表6.3　珠三角地区最低工资标准占城镇在岗职工月平均工资比重（单位：%）

城市	2006年	2008年	2009年	2010年
广州	25.46	22.58	20.84	22.55
深圳	25.81	26.23	24.40	26.16
珠海	34.83	31.11	29.09	32.09
佛山	32.85	29.76	27.09	29.77
肇庆	32.58	29.76	26.59	28.29
东莞	26.59	23.38	21.70	23.70
惠州	40.54	35.38	31.18	32.84
中山	33.18	29.15	25.55	27.21
江门	43.22	37.09	33.08	35.35

注：深圳市关内和关外最低工资标准不一样，故取关内和关外的平均值；

2009年广东省没有调整最低工资标准，故沿用2008年标准。

城镇在岗职工月平均工资基于该年广东省统计年鉴计算得出。

可见，经济较为发达的城市，最低工资标准占地区人均GDP的比重反而较低，在经济相对较差的城市，最低工资标准占地区人均GDP的比重反而要高，这表明，在经济发展相对较差的城市，农民工的价值反而越大。此外，经济越发达，最低工资标准占城镇在岗职工月平均工资比重越低；经济相对较差，最低工资标准占城镇在岗职工月平均工资比重反而要高，这表明，在经济发展相对较差的城市，社会公平程度可能要好一些，农民工与当地城镇工人的工资差距要小一些。

二、最低工资标准与农民工工资结构

如表6.4所示，2009年农民工基本工资与最低工资标准的比值要高于2008年和2010年，并且2010年农民工基本工资与最低工资标准的比值要高于2008年。此外，2008年和2010年农民工加班工资与最低工资比值要高于2009年比值，并且2010年农民工加班工资与最低工资标准的比值要高于2008年。可见，2008—2010年，农民工基本工资和加班工资与最低工资标准的比值变化趋势存在不一致的情况，最低工资标准与农民工的基本工资、加班工资之间并非直线上升的关系，而是存在波动的状态；此外，不同年份的变动趋势也存在差异，值得深入探讨。

表6.4 2008—2010年农民工基本工资、加班工资与最低工资标准比值情况

	农民工基本工资与最低工资标准比值			农民工加班工资与最低工资比值		
年份	2008	2009	2010	2008	2009	2010
比值(%)	1.61	1.80	1.65	0.36	0.32	0.46
较上一年增减情况(%)		+0.19	-0.15		-0.04	+0.14

注：最低工资标准来源于历年来广东省人民政府关于调整广东省企业职工最低工资标准的通知，农民工工资数据来源于中山大学社会学系课题组历年做的农民工问卷调查数据。

三、纳入最低工资标准后工资总量、工资结构的多层次模型

不同城市均采用最低工资标准干预农民工劳动力市场，那么这种行政干预对农民工的工资总量、基本工资和加班工资的作用是否存在一致性

呢？因此，在工资总量、基本工资和加班工资的一般回归模型基础上，本研究还引入了地区最低工资标准作为二层次变量进行多层次模型分析，考虑到不同变量的数量单位差异较大，在分析过程中，将地区最低工资标准进行了对数处理。

工资总量模型中，纳入地区最低工资标准之后，作为衡量是否应该进行多层次模型的ICC[①]值为0.163，基本工资模型的ICC值为0.130，加班工资的ICC值为0.116，这表明组内相关系数的总变异是由于受到不同城市最低工资标准水平的异质性引起的。由于各组内方差和组间方差均统计显著，可以推断ICC是显著的，从而可进一步建立多层次模型分析。

进一步来看，建立解释变量对常数项的回归模型及空模型，相关的统计检验指标如表6.5，根据两模型的对数似然比（L.Ratio）及相应的斜率（*p*值），可以判断以地区最低工资标准作为第二层的多层次模型在统计意义上要优于多元回归模型。因此，将地区最低工资标准作为第二层的多层次模型应该能够更好地描述农民工基本工资和加班工资受最低工资标准影响的作用机理。

表6.5　自变量对常数项的回归模型与空模型

		Model	Df（自由度）	AIC（赤池系数）	BIC（贝叶斯系数）	logLik（对数似然）	Test（比较）	L.Ratio（对数似然比）	*p*-value（斜率）
工资总量模型	Null Model	1	3	2 384.052	2 401.527	−1 189.026	1 vs 2	22.608	<0.0001
	Null Model2	2	2	2 404.660	2 416.310	−1 200.330			
基本工资模型	Null Model	1	3	2 146.957	32 164.433	−1 070.479	1 vs 2	31.568	<0.0001
	Null Model2	2	2	2 176.526	2 188.176	−1 086.263			
加班工资模型	Null Model	1	3	6 676.189	6 693.664	−3 335.094	1 vs 2	12.984	<0.00001
	Null Model2	2	2	6 687.173	6 698.824	−3 341.587			

注：数据来源于中山大学社会学与社会工作系刘林平教授主持的2009年教育部哲学社会科学研究重大课题攻关项目——《农民工权益保护理论与实践研究》于2010年在珠三角地区和长三角地区进行的大规模问卷调查。

将地区最低工资标准纳入模型后，工资总量、基本工资和加班工资模

① ICC，也即组内相关系数，检验是否存在组内相关，如果数据集的ICC方差不显著，则可对数据进行多元回归分析，而不需要进行多层次模型分析。

型中一层次变量的作用方向基本一致见表6.61。二层次的地区最低工资标准对农民工的基本工资有正向显著影响，地区最低工资标准对数每提高一个单位，农民工月基本工资对数会增加17.2%。可见，最低工资标准确实保护和提高了农民工的基本工资，这表明，在中国劳资力量严重不对称的大背景下，政府通过最低工资标准的确可以发挥保障农民工底线权益的功能。此外，最低工资标准对农民工的加班工资有负向非显著影响，也即最低工资标准的提高，会导致农民工加班工资下降，但这种相关没有经过统计检验。

表6.6 纳入地区最低工资标准后工资总量、基本工资和加班工资的多层次模型（*N*=2190）

一层次变量	工资总量模型	基本工资模型	加班工资模型
性别（女=0）	0.154***（0.016）	0.113***（0.017）	0.137（0.041）
年龄	0.056***（0.006）	0.021***（0.006）	0.074***（0.014）
年龄平方	–0.0008***（0.000）	–0.0002*（0.000）	–0.001***（0.000）
受教育年限	0.020***（0.004）	0.022*（0.009）	–0.009（0.003）
职业资格证书数量	0.043***（0.012）	0.041***（0.012）	0.036（0.031）
职业技能培训（没有=0）	0.035*（0.016）	0.005（0.017）	0.043（0.041）
企业内有无熟人（没有=0）	–0.013（0.016）	–0.003（0.016）	0.039（0.041）
每天工作时间	0.003（0.004）	–0.011*（0.004）	0.045***（0.011）
工种类型（普工=0）			
技工	0.129***（0.022）	0.067**（0.022）	0.109*（0.054）
管理人员	0.147***（0.021）	0.110***（0.021）	0.134*（0.052）
其他类型	0.064*（0.028）	0.037（0.029）	0.009（0.069）
企业规模（100人以下=0）			
100~299人	–0.016（0.022）	–0.054**（0.022）	0.176**（0.055）
300~999人	0.036（0.022）	–0.041*（0.023）	0.199***（0.056）
1 000人以上	0.069（0.021）	–0.073***（0.023）	0.336***（0.053）
产业类别（第二产业=0）	–0.042*（0.022）	–0.084***（0.022）	0.054（0.055）
地区（长三角=0）	–0.004（0.026）	–0.086***（0.019）	0.407（0.071）
二层次变量			
月最低工资标准对数	0.333*（0.162）	0.172*（0.096）	–0.141（0.575）

续表

一层次变量	工资总量模型	基本工资模型	加班工资模型
截距	3.98*** (1.124)	5.579*** (0.676)	5.958 (3.973)
DF	17	17	17
模型拟合度（*BIC*）	1 966.796	2 050.384	5 987.88

注：*** 表示$p<0.001$，* 表示$p<0.01$，* 表示$p<0.05$，p表示斜率。数据来源于中山大学社会学与社会工作系刘林平教授主持的2009年教育部哲学社会科学研究重大课题攻关项目——《农民工权益保护理论与实践研究》于2010年在珠三角地区和长三角地区进行的大规模问卷调查。

图6.1展示了地区月最低工资标准与农民工工资总量的关系：二者大致呈现出同向递进的关系，当最低工资标准越高，农民工的工资总量越高，并且这一同向递进关系在最低工资标准越高的地区，表现得越明显。

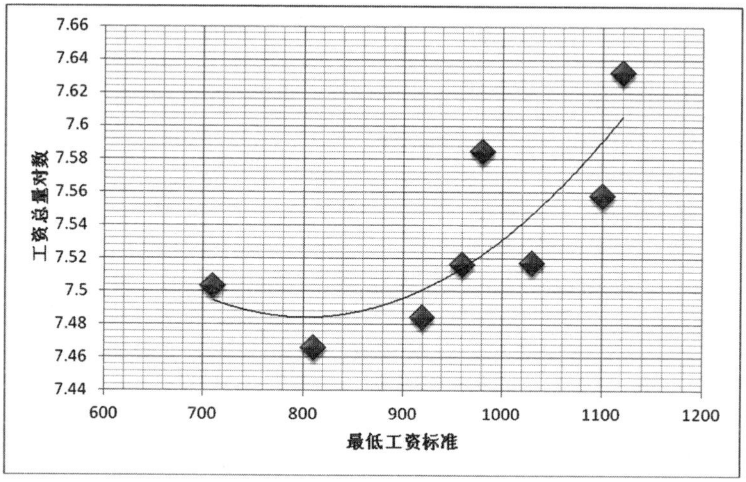

图6.1　2010年地区最低工资标准与农民工工资总量对数的关系图

注：数据来源于中山大学社会学与社会工作系刘林平教授主持的2009年教育部哲学社会科学研究重大课题攻关项目——《农民工权益保护理论与实践研究》于2010年在珠三角地区和长三角地区进行的大规模问卷调查。

图6.2展示了最低工资标准与农民工基本工资的关系：最低工资标准越高，农民工基本工资越高，二者呈现出同向递进的关系。可见，最低工资标

准与农民工基本工资呈现出明显的同向平行递进趋势，这表明最低工资标准的确发挥了强有力的干预作用。在某种程度上，最低工资标准已经操作化为农民工的基本工资增长制度，企业资方会依据最低工资标准变化来不断调整农民工基本工资的设置与水平。

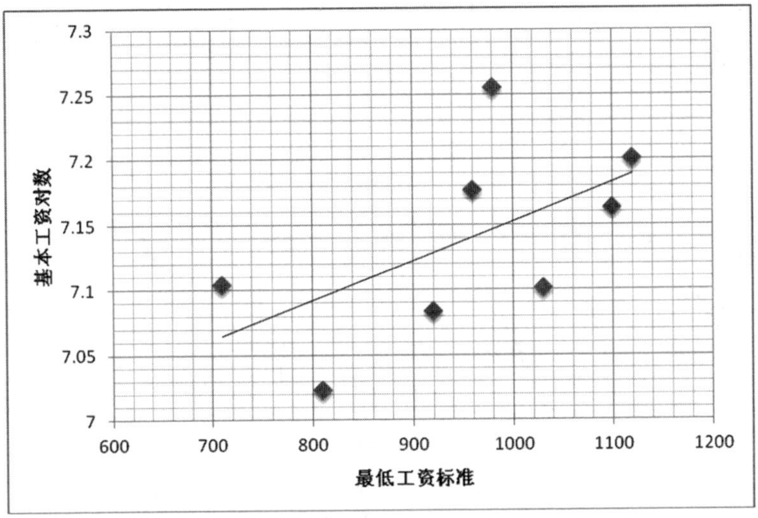

图6.2　2010年地区最低工资标准与农民工基本工资对数的关系图

注：数据来源于中山大学社会学与社会工作系刘林平教授主持的2009年教育部哲学社会科学研究重大课题攻关项目——《农民工权益保护理论与实践研究》于2010年在珠三角地区和长三角地区进行的大规模问卷调查。

图6.3展示了地区最低月工资标准与农民工加班工资之间的关系：最低工资标准与农民工加班工资之间大致呈现正“U”型关系。不考虑最低工资标准在800元以下的情况，当最低工资标准低于1000元时，最低工资标准越高，农民工的加班工资越低，当最低工资标准高于1 000元时，农民工的加班工资水平随着最低工资标准的提高而增加。

最低工资标准低于一定水平，会导致农民工的加班工资下降，可能与以下因素有关：当最低工资标准设置过低时，企业基于最低工资标准所设置的基本工资水平也相对较低，形成所谓的“地板工资或标准工资”①。与此同时，加班更多属于一种市场领域的劳动交换，其设置标准应该相应地高于基

① 常凯：《中国工人要形成一种影响劳动力市场集体力量》，人民网，2010-04-27。

本工资，才能吸引农民工加班，再加上加班行为是在购买农民工“劳动力”基础上的购买农民工的“劳动”行为，其价格自然要高于基本工资的价格。这就导致最低工资标准低于一定水平时，二者之间呈现反向关系，当最低工资标准高于某一水平，也即将近1 000元的节点时，基本工资与加班工资的标准比较接近，此时最低工资标准越高，加班工资标准也会随之提高，呈现二者之间的正向共进关系。

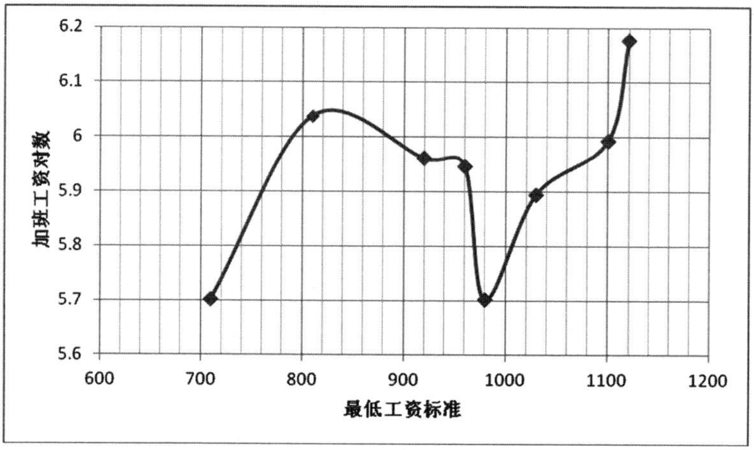

图6.3　2010年地区月最低工资标准与农民工加班工资对数的关系图

注：数据来源于中山大学社会学与社会工作系刘林平教授主持的2009年教育部哲学社会科学研究重大课题攻关项目——《农民工权益保护理论与实践研究》于2010年在珠三角地区和长三角地区进行的大规模问卷调查。

总之，最低工资标准与农民工工资总量呈现出“准”线性关系，与农民工基本工资呈现出明显的线性关系，与农民工加班工资呈现出准正“U”型关系。这表明，要研究和讨论最低工资标准和农民工工资水平的关系，需要采用结构分析的方法，进行针对性研究，才能真正理解最低工资标准保护农民工工资权益的实际运行机理。

第三节 本章小结

一、最低工资标准作为保护农民工基础权益的保障制度逐渐完善，但受经济发展的周期波动干扰明显，同时也面临着效用争议

西方国家发展历程表明，最低工资作为国家以立法的方式干预企业工资分配的一种制度，其目的是通过政府干预减少经济自由发展的不确定性及保护弱势劳动者在利益分配过程中的合法权益。为此，国际劳工组织多年来一直在全球范围内持续推动和实践最低工资制度，并通过各种国际性条约和建立各种合作框架推动保护弱势劳动者的基础权益。

自改革开放以后，我国开始实行最低工资制度，并建立了动态的周期性调整最低工资标准的常规做法。2004年，国家颁布的《最低工资规定》对最低工资概念做出了明确限定和提供了较为明确的法理依据。截止2004年11月西藏颁布当地的最低工资标准，我国有31个省、自治区和直辖市建立了各自的最低工资制度。自1995年至今，广东省最低工资标准制度大致经历了两个发展阶段：第一阶段为1995年至2004年，最低工资标准档次多，最高档和最低档差距在扩大，并且增幅不稳定，有增有减；第二阶段是2004年以后，最低工资标准档次减少，最高档和最低档的差距有缩小，基本保持两位数的增长速度。

最低工资标准的运行与市场力量、制度调整有密切关系。周期性的经济波动、劳动力市场供求关系的变迁和政府工作中心的转移都会影响最低工资标准的运行，这就使得最低工资标准制度保障具有显著的结构嵌入特征，这也决定了农民工工资权益的保障需服从整体经济形式和政府宏观决策的利益走向。

在最低工资标准干预劳动力市场的同时，有关最低工资标准效应的争议一直没有消停，既有反对最低工资制度干预，主张自由竞争和资源自发配置的质疑观点；也有支持最低工资标准制度，认为其有利于劳资关系和谐与增强国家竞争力的赞成立场；还有认为最低工资标准制度存在临界点，提出要一分为二看待的折中立场。虽然各派均有合理性，但都停留在总量分析基础

上，鲜有研究涉及最低工资标准和农民工工资结构基础上的理论探讨和实证分析。

二、最低工资标准制度的基础性保障地位虽已确立，但不能完全反映农民工诉求

以广东为例，从1992年作为经济特区的深圳和珠海两市率先颁布最低工资标准和建立最低工资保障制度，到1994年广东省省政府颁发实施《广东省企业职工最低工资规定》在全省各市制定最低工资标准，实行最低工资保障制度，再到1994年11月深圳市出台全国首部最低工资地方性法规的《深圳经济特区最低工资条例》，广东省全面建立了最低工资保障制度。1995年，广东省首次统一制定颁布全省企业最低工资标准，标志着广东省最低工资制度实现了制度化、规范化。

虽然最低工资标准逐渐制度化和规范化，最低工资标准水平也在不断增长，但最低工资标准设置过程中，作为最重要的利益相关者——农民工是缺位的。不管是设定最低工资标准档次，还是制定最低工资标准水平，均没有农民工代表参加，也没有向农民工代表咨询意见，多是政府基于各方面情况自上而下进行的行政决策。

三、简单频数表明，最低工资标准对农民工工资结构的作用方向存在不一致性

调查数据表明，2009年农民工基本工资与最低工资标准的比值要高于2008年和2010年，并且2010年农民工基本工资与最低工资标准的比值要高于2008年。此外，2008年和2010年农民工加班工资与最低工资比值要高于2009年比值，并且2010年农民工加班工资与最低工资标准的比值要高于2008年。可见，农民工基本工资和加班工资与最低工资标准的走向存在不一致性。

四、统计结果表明，最低工资标准与农民工工资总量呈现出“准”线性关系，与农民工基本工资呈现出明显的线性关系，与农民工加班工资呈现出准正“U”型关系。

因此，笼统地说最低工资标准有助于提升农民工工资水平可以接受，但不够科学和准确，将最低工资标准和农民工工资结构结合起来则有助于我们更好地理解最低工资标准对农民工工资的作用机理。其中，最低工资标准与农民工基本工资之间的线性关系很明确，最低工资标准越高，农民工的基本工资越高；最低工资标准与农民工加班工资之间呈现准倒“U”的关系，当最低工资标准超过1 000元时，农民工加班工资与最低工资标准呈现同步递增关系，到最低工资标准低于1 000元时，随着最低工资标准不断增加，农民工加班工资反而下降。

第七章　结论、讨论与局限

第一节　基本结论

在企业工作的农民工，受制于企业内部精密的劳动管理体制和长期超时加班的工作制度，其月工资来源单一且可准确计算，一般分为基本工资和加班工资两部分。同属构成农民工工资总量的重要组成部分，基本工资和加班工资的影响机制存在明显的差异，并且遵循着两条不同的决定路径。农民工工资总量和工资结构的回归模型和多层次模型表明，对农民工基本工资的决定有显著影响的因素，不一定对农民工加班工资的决定有显著影响；同理，对农民工基本工资没有显著影响的因素，则有可能对农民工的加班工资的决定有显著影响。

通过利用2010年在珠三角地区和长三角地区进行的问卷调查数据进行统计分析发现，最低工资标准对农民工的基本工资发挥了重要的支持作用，地区经济发展有助于提高农民工的加班工资，但进一步的图表却呈现了最低工资标准、地区人均GDP对农民工工资结构存在各自独特的作用方向。

一、基本结论

第一农民工工资总量总体走向并不代表农民工工资结构的走向，农民工工资总量的分析要与工资结构分析相结合，才能够更好地呈现出农民工工资的决定机制和作用机理。

从2008年至2010年，农民工的工资总量逐渐增长，年平均增速达20.28%。就农民工工资工资结构的变化态势来看，基本工资保持连续增长态势，并且在经济正常发展的2010年，其基本工资增速要远远高于金融危机期间的2009年；此外，农民工加班工资有升有降，在金融危机期间的2009年，农民工的加班工资比例较2008年下降9.6个百分点，而恢复正常发展年份的2010年，农民工的加班工资比例较2009年大幅上涨71.02%。此外，与2008年和2010年相比，2009年农民工的基本工资占比最高，加班工资占比最低。

因此，农民工工资总量走向与农民工的工资结构走向存在不一致性，这种不一致性彰显农民工的基本工资和加班工资可能遵循不同的作用机理和作用机制，需要进行拆分研究，而不能笼统地用工资总量进行替代研究，否则会掩盖农民工工资结构决定背后的丰富信息。

第二，对农民工工资结构的分析显示了早期有关农民工工资决定的研究存在一定误解，农民工的基本工资更多受制度干预影响，而加班工资更多与地区经济发展水平有关。

男女两性的工资差异主要在基本工资上有显著差异，而在一个“纯粹”按劳动量计算的加班市场中，男女两性农民工的加班工资回报没有显著差异。因此，笼统地认为男性农民工比女性农民工工资水平高并不科学，男女两性农民工的工资差异更多体现在基本工资水平上，而在加班工资上没有统计的显著性。

人力资本可以帮助农民工获得较高的基本工资，但对农民工的加班工资有负向影响。受教育年限越高，职业资格证书数量越多，越有可能获得技工和管理人员工作岗位，其基本工资水平也越高，因此，人力资本存量决定了农民工的工作岗位和工种类型。此外，人力资本对农民工加班工资有负向非显著影响，意味着加班工资是纯粹劳动付出和回报的产物，工作经验丰富，工作技能熟练，自然就会获得高回报，而人力资本高的技工和管理人员，反而会因为加班付出少，导致加班工资低。

劳动时间有助于提升农民工的加班工资，且对农民工的基本工资有负向显著影响。与由可以通过外在的文凭、职业资格证等因素测量的人力资本存量所决定的基本工资不同，加班工资更多与农民工的劳动付出和劳动时间有关，这表明农民工的加班工资更多与劳动增量有关，劳动增量越多，加班工资越高。

企业规模越大，越倾向于强化和完善加班制度。企业规模越大，基本工资越低，加班工资越高，尤其是企业规模在1 000人以上的大企业，加班工资回归系数越大。因此，企业一方面调低基本工资水平，另一方面建立了较为完善和严密的加班生产体制，迫使农民工自愿选择加班来增加工资总收入。问题在于，中国的外向型经济和订单式生产的工厂体制在大企业中尤为盛行，一旦外部经济萎缩和订单减少，导致农民工加班工资减少和收入剧减，为了提高工资水平，农民工唯有不断加班，经此循环，农民工加班制度日益强化和巩固。

珠三角和长三角地区农民工工资权益的差距源于基本工资的地区差距。长期以来，所有的研究都揭示了珠三角地区农民工的劳动权益和工资水平不如长三角地区农民工，问题在于加班行为和加班制度是珠三角地区和长三角地区农民工生产体制的共有特征。关键在于珠三角地区企业设置的基本工资水平低于长三角地区，这种基本工资设置的地区差异才是造就珠长两地农民工劳动权益和工资水平差异的根本所在。

第三，最低工资标准与农民工工资总量呈现出“准”线性关系，与农民工基本工资呈现出明显的线性关系，与农民工加班工资呈现出准正“U”型关系；地区经济发展与农民工工资总量呈现“类”线性关系，与农民工基本工资呈现出倒“U”型关系，与农民工加班工资明显的线性关系。

二、农民工工资的二重性

基本工资是企业基于制度设置而选择的结果，企业对岗位工资的设置不低于政府的制度底线，这表明政府拥有较强的再分配权力，并通过最低工资标准来保护农民工在利益分配过程中的基础权益；加班工资更多的是市场交换决定的结果，是企业管理和农民工心理期待共同导致的行为，农民工一定程度上可以掌握主动权，通过加班来增加自己的劳动回报和收入水平。

政府的行政干预，更多只是保护农民工在生产过程中的基础权益，确保农民工的底线权益不受到侵害。为尽可能增加个人的劳动回报，农民工通常采用延长劳动时间和主动参与加班，通过更多劳动投入来提升工资回报。当然，政府的再分配权力，在保障农民工基础劳动权益的同时，也能优化和改进农民工的发展权益。

经济发展有助于提升农民工的工资水平，但是这种提升不是自然形成的，而是需要农民工增加劳动付出，并且不同劳动能力的农民工，获益程度也不一样。经济发展形势越好，地区经济发展水平越高，农民工获得的加班机会越多，加班工资自然就多，工资总量水平也就随之增加。因此，市场经济发展和地区发展水平提升，只是给农民工带来了更多的工作机会而已，而非带来直接的收益，农民工需要通过自己的劳动能力和劳动时间才能将这种工作机会转化为自己的工资收益。

总之，行政干预更多地会影响农民工的基本工资，经济发展水平更多地会影响农民工的加班工资，这种行政干预和经济发展水平双重影响的工资决定模式，实质上就是农民工制度身份和市场身份二重性的体现。

三、农民工工资决定的双轨制

有关农民工问题的治理在某种程度上也面临着合法性和有效性兼容的问题。一方面，农民工作为中国外向型经济的重要生产因素，需要采用各种政策和手段进行激励和引导，使之成为中国经济正常运行的支撑条件，农民工供给过度或短缺都不利于中国经济的可持续发展；另一方面，农民工又是城市生产生活的一分子，是社会稳定的主要参与者，维护和保障他们的合法权益，也是地方政府重要的公共责任。

（一）行政干预与基本工资

地方政府以最低工资标准的方式制定劳动力市场价格的下限，作为包括农民工在内的大多数劳动者择业和就业时可以参考的劳动力价格，从而保证每一位劳动者能够获得维持生存的回报。这种通过政府定价来干预劳动力市场的方式，实际上是一种行政赋权和制度确权，通过政策和制度规定了劳动者享有获得最低工资标准以上劳动回报的权利，同时也限定了企业资方的管理边界，一旦越过政府定价的边界，国家权力就要进行干预。

因此，通过政府定价设定劳动者的最低工资标准，在某种程度上是对市场经济的干预，但在现有强资本和弱劳工的背景下，政府出台最低工资标准制度对劳动力价格进行调整和干预，既符合中国特色社会主义市场经济的一般规律，也体现了政府宏观调控劳动力市场的公共职能。

（二）经济发展与加班工资

农民工工资收入中部分来源于基本劳动以外的加班劳动，加班劳动所形成的加班工资构成了农民工工资收入的重要组成部分。不同于基本劳动，政府对加班劳动或加班行为并无严格限定，加班劳动由市场机制决定，劳资双方通过互动交往形成了加班市场的一般规则和报酬水平。在某种程度上，农民工的高工资和企业的高利润都是由基本劳动以外的加班劳动所创造的。加班劳动是农民工基本劳动时间之外的个体选择，在完成基本劳动基础上的额外劳动行为，企业资方只需要支付劳动的报酬，虽然占用了农民工的休闲时间，也在一定程度上增加了农民工的工资总量，而企业在弹性订单生产模式下，通过加班可以最大限度地提高生产工具和劳动力的使用效率，从而可以获得更多利润。

国家通过最低工资标准干预劳动力市场，维护了农民工的基础性劳动权益，并且进一步增强了政府对社会主义市场经济的影响力和作用力，这也表明农民工想要摆脱制度身份的限制或取消户籍制度 对农民工的身份限定将是一个长期而漫长的过程。加班劳动付出能够提升劳动回报，在某种程度上鼓励了农民工的劳动积极性和工作主动性，激发了农民工的加班热情，使其愿意接受长时间的生产劳动，这也是中国经济能够持续稳定发展的重要基础。正因为经济发展水平逐年提升和加班工资的存在，农民工在基本工资标准较低的背景下，农民工的工资水平保持了较为稳定地增长态势。

第二节　研究创新和发展

一、理论创新

从理论层面来看，古典经济学的分享工资理论认为工人工资应该与企业效益挂钩，当企业经营情况较好和经济效益增加的时候，工人的工资理应随之上涨。问题在于，在农民工工资总量随着企业经济情况和经济效益变好而增加的过程中，到底是农民工的基本工资在增长还是加班工资在增长，其背后的理论含义和作用机理是很不一样的。换句话说，当农民工基本工资在工资总量中所占的比重不断增加，则意味着农民工的确分享了企业发展成果，企业的经济效益一部分转变为农民工的工资水平；当农民工加班工资在工资总量所占比重不断增加，这意味着农民工是通过延长劳动时间和增加额外劳动提高了工资水平，其只是分享了企业经济发展的机会，并没有分享企业的经济效益。因此，这就产生了直接分享企业发展效益和间接分享企业发展机会的问题，其中，分享企业发展效益是充分和具体的，而分享企业发展机会则是非充分和不确定的，因为农民工还需要额外投入劳动才能获得回报。在某种程度上，农民工分享的不是企业发展效益，而是企业发展的溢出效益，前提是需要额外投入劳动获得，也即农民工的权益不是遵循分享机制，而是基于劳动交换机制。因此，工资分享理论，除了直接分享企业的发展成果以外，还包括农民工通过分享企业发展机会而获得收益这一类型。虽然，农民工分享企业收益需要付出一定的劳动代价、时间成本和健康成本，但在现有低工资格局中无疑也是一种进步，总好过不加班和低工资状态。

谈判工资理论认为工人的团结和联合行动能够迫使企业资方做出让步，从而提高工人在利益分配中所占份额。在中国，由于不存在农民工联合组建的工会，已有的工会组织中也不存在农民工工会分会，在政府、企业和农民工三方关系中，农民工更多依靠政府来保护他们的合法权益。政府通过制定最低工资标准干预劳动力市场被很多研究证明能够提高农民工的工资水平，也即随着最低工资标准的推进和调整，农民工的工资水平在不断提升。这就存在一个问题，最低工资标准是提高了农民工的基本工资还是农民工的加班工资，不得而知。倘若农民工为了维持工资总量增长，选择不断加班来提高工资收入，这就表明最低工资标准在保护农民工的权益时存在弊端，这实际上是在保护不合理的工资结构。当农民工需要通过不断地加班来提高工资总量时，这就意味着最低工资标准的保护功能在异化，但问题是没有最低工资标准保护的话，农民工的基本工资可能会下降，虽然工资总量可能会增加，但工资总量结构中更多是通过加班工资补充。因此，政府代言的谈判工资理论有较大的局限，而基于工会主导的工资谈判虽有缺陷，但相对而言，建立在工人联合基础上的工会保护工人工资权益要比政府保护更有效。此外，进一步的研究还表明，最低工资标准对农民工的工资权益保护存在门槛效应，低于这一门槛，最低工资标准可能不会产生正向影响，只有越过这一门槛，最低工资标准才会产生正面影响应，但无节制地提高最低工资标准，显然是既不恰当，也不合适。因此，在最低工资标准较高的地区，行政干预可能有助于保护农民工分享企业发展的效益，而在最低工资标准较低的地区，行政干预可能反而阻碍了农民工分享企业发展的效益。

在纯劳动理论看来，资本家通过外包制企业将生产过程拆分，使得企业只购买了工人的劳动而非劳动力。对农民工工资结构的分析表明，农民工的基本工资内在包含了劳动力价格，在政府最低工资制度的干预下，企业制定岗位工资时需要考虑政策、社会保障、竞争对手等因素，同时也需要考虑社会整体发展水平、文明程度和生活方式等因素。农民工的加班工资则不同，加班是规定工作时间之外的继续工作，对加班的评价主要基于结果评估，结算方式也基于结果认定，这就类似于纯劳动体制中，资本家将生产过程外包生产者，工资结算以完成的产品结果为准，这表明农民工的加班工资类似于购买劳动。因此，现有的农民工工资制度设计，客观上造就了加班是一个无法回避的问题，农民工的工资总量增加，可能与农民工不断出卖劳动有关，而跟农民工的劳动能力关系不大，为了提高工资收入，农民工会大量加班，而加班行为是一个纯粹市场交换的过程，在这个过程中，企业资方实际上只购买了农民工的劳动，而没有支付农民工的劳动力价格。

二、内容创新

（一）实现了农民工工资决定研究从总量分析到总量和结构分析相结合的提升

早期有关农民工工资决定的研究，多半采用农民工年收入、月收入或小时收入作为因变量进行统计，或者是将农民工上月工资、上年一般月工资、最高月工资和最低月工资等进行加总求平均值，力求使得月工资的测量更加准确。此外，在研究农民工工资决定过程中，不断调整或变化自变量，使得模型解释力更强。总之，上述研究主要停留在总量研究的阶段，鲜有研究将农民工工资总量拆分为基本工资和加班工资来进行结构分析。

本书在延续前人研究的基础上，提出将农民工工资总量分析和结构分析相结合的思路，既要考虑农民工的工资总量走向及决定机制，同时又要将农民工工资总量拆分为基本工资和加班工资，分别探讨其背后的作用机理，建立一种拆分研究和统合解释相结合的方来研究农民工工资决定。

（二）在结构分析中，发现了最低工资标准与农民工工资总量呈现出“准”线性关系，与农民工基本工资呈现出明显的线性关系，与农民工加班工资呈现出准正“U”型关系

不同于最低工资标准与农民工工资总量和加班工资之间的关系，最低工资标准与农民工加班工资之间呈现准倒“U”的关系，在不考虑最低工资标准低于800元的情况下，当最低工资标准超过1 000元时，农民工加班工资与最低工资标准呈现同步递增关系，到最低工资标准低于1 000元时，随着最低工资标准不断增加，农民工加班工资反而下降。可见，最低工资标准过低，实际上是不利于保护农民工权益的，尤其是不利于保护农民工的加班权益，其次，最低工资标准要发挥作用，具有一定的门槛，只有越过门槛，才会发生正面效应；如果达不到门槛反而会有负向影响。

（三）结构分析中，发现了地区经济发展与农民工工资总量呈现“类”线性关系，与农民工基本工资呈现出倒“U”型关系，与农民工加班工资呈现明显的线性关系

不同于地区经济经济发展水平与农民工工资总量、加班工资的关系，地区人均GDP与农民工基本工资呈现倒“U”型关系，而月人均GDP等于6 000元是转折点，低于该点，则二者同步上升，高于该点，则二者同步下降；地区人均GDP与农民工加班工资呈现明显的线性关系，地区人均GDP越高，则农民工的加班工资水平越高。这表明，农民工要共享经济发展成果是有门槛的，这需要地区经济发展发展越过一定阶段，只有越过了该阶段，农民工的基本工资才可能与地区经济发展保持同步递进，若低于该标准，则农民工的基本工资反而会受到负向影响。

（四）发现了农民工工资增速超过城镇在岗职工平均工资增速背后隐藏着的工资不平等问题

2008年到2010年，珠三角地区城镇在岗职工月平均工资逐年增长，年均增长率为10.71%；珠三角地区农民工月平均工资逐年增加，年均增长率为

13.29%。就年均增长率来看，珠三角地区农民工月工资要比珠三角地区城镇在岗职工高2.58个百分点。

但问题在于，农民工工资总量增长主要靠加班工资增速来支撑。2010年农民工工资总量占珠三角地区城镇在岗职工月平均工资的比重较2008年增长3.07%，但基本工资占珠三角地区城镇在岗职工月平均工资的比重只增长0.01%，可以忽略不计，而加班工资占珠三角地区城镇在岗职工月平均工资的比重增长3.06%，接近工资总量增长率。表面上来看，农民工的工资增长了，增速超过了城镇在岗职工，但是这种增长背后是以加班为代价的，农民工需要额外付出更多的加班时间和参加更多的加班劳动，才能实现工资总量增速跟上或超过城镇在岗职工工资增速。因此，农民工工资增长不是基于政策设置提高了标准，而是通过延长劳动时间和增加劳动投入获得的劳动报酬。这种以加班工资增长和加班劳动为代价的农民工工资增长实质上是一种“伪”增长。

（五）对人力资本、加班体制和权益地区差异提出了新的解释

一是澄清了人力资本的作用机理。人力资本对农民工的工资有显著影响，但是人力资本只不过是发挥了门槛作用，人力资本可以帮助那些受教育水平较高、职业资格证书较多的农民工获得较高的工作岗位和工种类型，从而提高基本工资水平。人力资本对农民工的加班工资反而有负向非显著影响，这表明在一个受教育程度普遍较低的底层工人群体中，人力资本的重要性可能低于劳动付出的重要性。

二是在一定程度上阐释了农民工加班生产体制的形成路径。在大企业工作的农民工，其基本工资越低，而加班工资越高，并且企业规模越大，标准化回归系数越大。这表明，大企业更倾向于使用和强化农民工加班生产体制，通过设置较低的工资水平，迫使农民工接受更多的加班行为和不断延长工作时间，获得更多的加班工资，从而不断提高工资水平。因此，大企业的高工资和超时加班密切相关。

再者说来，一般企业规模较大的企业，比如富士康，其社会声誉和品牌影响力较大，内部的员工流动性也较高，很容易将这种低工资水平、长工作时间和受经济发展形势冲击导致加班工资剧减的打工经历广为传播，大多数农民工对此也广为接受，他们并不主要关注加班体制，而是关心有更多的加班工作来增加工资总量。

当然，大企业压低基本工资水平和提高加班工资总量，可能跟加班工资越高，需要缴纳的社会保险费用越高有关。依据最低工资标准设定企业基本工资，可以减少缴纳社会保险份额，从而可以降低企业运营成本和负担。

农民工不排斥加班行为，相反他们会抱怨因经济发展形势不好和订单减少而导致加班时间减少和加班工资下降。因此，在低基本工资的格局中，他们反倒认可和支持通过加班增提供工资水平的现状，从而不断强化和巩固了企业的加班生产体制。

三是证实了珠三角、长三角两地劳动权益的实质差异在于基本工资水平的设置。珠三角和长三角都存在超时加班和加班生产体制，但研究和调查均表明珠三角地区农民工的劳动权益和工资水平不如长三角地区农民工，本研究发现导致这一差异的关键不在于加班工资差别，而在于珠三角地区的基本工资水平的设置低于长三角地区。

三、政策对话

本书回顾了最低工资标准的概念发展、实践运行和效应论辩，一方面，最低工资标准自实施以来提高了农民工的工资水平，本书通过统计分析证实了最低工资标准对农民工的工资总量有正向显著影响，也即最低工资标准越高，农民工的工资总量水平越高，从而证实了当前有关最低工资标准有助于提升农民工工资水平的论断。

与前人研究不同，本书还进一步分析了最低工资标准对农民工工资结构的影响，其中最低工资标准对农民工的基本工资有正向显著影响，对农民工加班工资有负向非显著影响，这表明仅仅讨论最低工资标准与农民工工资总量的关系还不够，需要在此基础上，进一步研究最低工资标准与农民工工资结构的关系，才能够更好地说明最低工资标准对农民工工资决定的实际效应。

因此，反对制度干预和纯粹坚持市场自由竞争的观点未免有失偏颇，最低工资标准只对农民工的基本工资设定有显著影响，而对纯粹市场的加班工资没有显著影响，这意味着，大谈行政干预破坏市场未免过于主观。无条件坚持最低工资标准能够保障农民工工资权益的观点也不全面，多层次模型表明最低工资标准只是保护了农民工的基本工资权益，而对农民工加班工资的保护作用得不到统计显著性支持，尤其是企业规模越大，越容易存在农民工的基本工资越低、加班工资越高的现象，这意味着简单坚持最低工资标准有助于保障农民工工资权益的结论过于主观，但是善良的意愿更应该建立在对复杂的市场经济理解的基础上。

可见，总量分析和结构分析相结合来看待最低工资标准对农民工工资总量、基本工资和加班工作的影响，才可能更科学，也更严谨。最低工资标准与农民工基本工资之间的线性关系很明确，最低工资标准越高，农民工的基本工资越高；最低工资标准与农民工加班工资之间呈现准倒“U”的关系。要推动最低工资标准整体发挥正面效应，需要以较高经济发展水平来支撑，只有当经济发展进入一个较高的阶段，最低工资工资标准才能同时发挥对农民工基本工资和加班工资的正面功效。

第三节　讨　　论

一、市场转型争论与农民工工资决定

农民工是因应中国市场转型的需求而生，并随着中国市场转型的深化发展而不断演变。而有关中国的市场争论源自倪志伟在1989年和1991年提出政治与市场的此消彼长论点，在倪志伟（1989）看来，市场转型将伴随着市场对再分配作用增加，而权力对再分配作用减弱，1991年，倪志伟局部修正了他的观点，但他坚持认为市场化改革的完善会使得干部权力的减弱。进一步放大来看，倪志伟的观点背后隐藏的结论就是，在劳动力市场中，国家权力的干预会弱化，而市场调节的作用会增强。

此后，不断有学者修正、拓展和提升倪志伟有关市场转移以来国家权力和市场力量之间关系的观点。魏昂德（1995）认为中国的市场转型是市场“无形的手”和政府“有形的手”共同推动的结果，国家权力和市场力量都

具有不可忽视的影响。边艳杰和罗根（1996）提出在中国进行转型的同时，党的领导和城市单位制度仍旧继续维系，权力对劳动回报的作用仍然维持。白威廉和麦谊生（1996）则提出了“政治与市场”双重转型观点，在他们看来，“权力与市场存在着互利关系，既非粹意义上的对抗，也非完全意义上的合作，而形成了权力与市场的对抗性合作或合作性博弈。在转型社会中，国家权力与市场力量可以互利共存和合作性共存，并且共同对劳动力市场产生作用。周雪光（2000）认为权力与市场的关系要更为紧密，存在着共同演进的亲和关系，国家权力会制定支持市场扩张的政策，而市场经济会反过来推进国家的治理。

本书的研究却表明，市场与政治存在着平行递进的关系，一方面，市场对农民工的收入回报有着正向影响，经济发展水平越高，农民工的收入水平也越高；另一方面，制度变革对农民工的收入回报也有正向影响，政府干预力度越强，农民工的收入水平也越高。在国家和市场共同作用过程中，农民工的基本工资水平受市场干预的影响不敏感，而农民工的加班工资水平受政治干预的影响较弱。这表明，制度和市场各自在自己的领域和空间内产生作用和维持运行，虽有交错，更多地是按照自己的轨迹和逻辑向前推进。

第一，制度干预的逻辑有助于提升合法性，也体现了党和政府坚持民生导向和以人民为中心的施政理念。在改革开放几十年的发展历程中，政府主导的城市化和现代化建设以追求经济快速发展为目标，在一定程度未能照顾好农民和农民工的合法权益，比如农民工的工作环境不好（陈佩华、萧裕均，2011），失地农民的土地权益受到侵害（陈映芳，2003；文军，2004，2009；毛丹，2006，2009），低层次的外来技术和管理人员（即都市“小白领”）深受高房价困扰而无法深度融入城市（张杨波，2011）……为了满足农民的土地诉求、农民工的劳动权益诉求，在现有制度、资源、环境、技术等又不足以支撑普遍均等化的收入水平和福利待遇的情况下，政府出台最低工资标准，作为维护劳动力市场秩序和保障农民工合法权益的政策工具，最大限度地保证了农民工的资源配置权益和利益分配权益，充分体现和维护治理的合法性和有效性，积极践行了民生导向的执政方针，不断深化了人民为中心的执政理念。

第二，市场决定的逻辑满足了农民工对工资效益的诉求，也体现了市场经济中按劳分配、多劳多得的理念。合法性是执政党不得不直面的执政问题，而有效性也是无法回避的现实问题，缺乏有效性地支撑，合法性也就失去了基础和前提。在蔡禾（2012）看来，即便是中国的维权体系面临着内在的治理有效性困境，并经常遭遇无法实现常规化治理的有效性，但也经常会采用和依靠非常规化治理目标的开拓和有效治理来累积体系的合法性。因此，有效性对于平衡劳资双方、农民工与企业管理者的关系具有重要的意义。加班工资作为农民工与企业双方之间默认的非正式契约，对于增加农民工的收入所得和提高农民工的利益份额具有重要意义，也是农民工能够接受较低水平基本工资的重要因素。加班工资是一种市场化的经济行为，与个人的劳动时间和劳动总量有关，一个人越愿意付出更多的劳动时间，所创造的劳动总量就越大，其加班工资水平也相应越高。因此，劳动的有效性显而易见，劳动付出的回报清晰可测量，劳动获得的满足感清楚具体，这不仅尊重了农民工的劳动成果，也体现了农民工的劳动价值，自然对于维系现有的工资体制具有较强的正面功能。

二、现代化治理体系和农民工工资权益

第一，农民工的工资所得及其决定机制深刻折射和反映了中国市场转型和国家角色的一般特征，国家干预市场经济发展决定了农民工的工资所得必然服从和服务于国家治理的基本逻辑。

稳定与发展是中国政府自20世纪90年代以来最重视的两大课题，稳定是第一要务，发展要以稳定作为前提，其基本含义就是要坚持渐进性改革方针和发展战略。同样，农民工在城市的工作和生活也经历了一条渐进的、缓慢向前发展的道路，先有农民工的流动权、然后有在城市的工作权，接着解决了农民工的平等就业权，继而废除了收容遣送制度和暂住证制度，赋予农民工在城市的居住权，建立了农民工人大代表制度，落实农民工子女的教育权和异地参加中考、高考的权利，举办各种职业技能大赛为优秀农民工获得职业地位提供了渠道。

农民工赋权的发展道路暗含着农民工的权益保障和农民工的市民化进程

中国家的角色和作用。一方面，在现有户籍制度没有彻底从管理型制度转型成为服务型制度之前，国家通过逐步放权和渐进赋权的农民工治理模式，但农民工作为城市社会中的“他者”定位没有出现根本性改变，农民工缺乏同等享受城市居民同等的职业、教育、医疗、社会保障等权利，农民工要想获得城市社会的市民权益依然有很长的路要走，这与国家的地方治理逻辑密不可分。另一方面，从党和国家所塑造的农民工价值定位和符号形象来看，强调奉献精神和突出工人的建设者形象一直是政府管理和国家治理所宣扬的主流价值和意识形态。农民工群体是自由经济和自主流动的产物，也是中国现代化建设和工业生产制造的中坚力量，只有充分调动农民工参与现代化建设的积极性和主动性，中国的改革开放事业才能稳健发展。无论从具体的治理逻辑，还是从更高层面的价值符号和意识形态来看，农民工及其农民工工资问题都已经深度嵌入国家运行的基本逻辑，不能脱离国家利益和政府立场来抽象讨论农民工工资问题。

第二，农民工的工资问题实质上反映了中国市场经济发展过程中的“资源短缺”问题。

目前世界上经济发达的国家多半是殖民国家（比如美国、英国、法国、日本等等），或者是资源富足的国家（比如海湾地区的石油大国，沙特阿拉伯等等）。中国在进行工业化和现代化的建设过程中，对各类能源和资源的需求量巨大，但中国既不能通过对外殖民利用武力掠夺，也无法像海湾地区石油富国自给自足，只能通过国际贸易向其他国家购买。当资源短缺型国家向能源富裕型国家购买能源用于现代化建设的成本，要远远高于在本国内部开采资源进行现代化建设的成本，中国不仅是资源短缺国家，也是现代化建设的资源消耗大国，再加上中国在世界产业分工体系中处于末端位置，从而受到了资源价格和收益分成的双重挤压，有限的收益中相当部分用于购买能源，从而造成劳动者的可分配收益份额进一步缩小，农民工的劳动报酬自然随之降低。为此，政府只有通过制定各种制度和政策来压缩收益的分配份额和合理化收益分配的标准，通过制定最低工资标准制度在保护农民工底线权益，发展权益寄希望于增量发展来解决。

第四节　研究局限及进一步研究的问题

本书采用2010年在珠三角地区和长三角地区进行的非随机抽样数据分析企业农民工工资总量和工资结构的决定机制，指出了工资结构分析比工资总量分析更有助于我们理解农民工的工资决定和工资权益。当然，如果需要进一步来深究农民工工资结构的决定机制，本研究显然存在一定的研究局限和需要进一步改进的地方。

首先，本研究所使用的数据并非截面数据，因此要想深挖农民工基本工资和加班工资背后的作用机理略显不足，虽然回归模型和多层次模型证明了以往笼统分析农民工工资总量决定的模型存在一定误差，经过拆分后的基本工资和加班工资能够更好地反映农民工工资决定的影响因素和作用机制，但由于缺乏追踪数据进行验证，并且本文所使用的比较数据仅仅局限在2008、2009和2010年，这就导致本文研究结论的可推广性不足，要想科学地揭示农民工工资结构及变迁趋势，还需要更大范围和更多年份的数据予以支撑。

其次，本书研究数据来自2010年7月到8月问卷调查的结果，因此数据的时效性略显不足，数据能否反映和体现当下社会发展情况还有待观察。自2009年以来，欧美经济陷入低迷状态，后来虽有起色，但后金融危机时代的经济低迷发展仍未彻底改观，全球经济始终未能恢复金融危机之前的发展态势，中国的经济发展在2009年继续稳步发展，当前已经进入新时代，也面临着新常态。此外，各种国际市场因素、本国制度政策因素、劳动力市场新增因素等等都会使得农民工群体及农民工市场遭遇很多的新情况。因此，简单将本文研究结论套用到当下农民工群体可能会存在偏差，这就需要更新的调查数据进一步研究。

最后，本研究的理论深度略显不够。农民工工资结构研究比工资总量研究能够更好地揭示农民工的工资决定问题，这只是在现实层面揭示了农民工工资决定的实践机制，但农民工基本工资和加班工资两种不同的运行轨迹背后潜藏着怎样的理论内涵，本研究无法进一步从理论高度进行更好阐释，形成有关农民工工资结构理论。

当然，未来世界经济的周期性运转会更加复杂，中国经济也会一帆风顺地高速发展，也可能出现周期性下降，这既是客观规律，也是常态现象。一个可以预见的现象就是，随着中国的市场化程度越来越高，中国经济的运行越来越规范，非正式就业或从正规部门向非正规部门流动就会成为普遍现象，不但会出现农民工从正规部门向非正规部门流动，而且会出现白领阶层、蓝领阶层等向非正规部门迁移，中国劳动力市场的非正式就业现象或劳动力非正式就业行为将会变得越来越普遍。最低工资标准作为调节劳动力市场资源分配和保护底层弱势劳动者的重要工具，除了在正规部门，也即本文所研究的企业农民工群体中发生作用外，其在非正规部门或地下经济中，应该发挥怎样的作用，以及如何发挥作用，怎样发挥作用才能够真正体现制度的保护性作用和支持性功能？并且随着中国逐渐发展成为世界上第一经济体时，现有的低标准、宽覆盖的最低工资标准保障制度将如何改进以适应更为国家化、多元化的市场经济呢？这值得我们进一步研究，也是可以深化认识最低工资标准制度的作用和功能的重要机遇，可以在理论上、政策上和实践上深化发展最低工资标准制度的内涵和外延。

参考文献

[1]【意】安东尼奥·葛兰西（著），李鹏程（编），《葛兰西文选》，人民出版社，2008。

[2]【英】阿弗里德·马歇尔（著），陈良碧（译），1965，《经济学原理》，北京：商务印书馆。

[3] A.C.庇古（著），2006，《福利经济学》，北京：商务印书馆。

[4] 白暴力，2007，《农民工工资收入偏低分析—现实、宏观效应与原因》，《经济经纬》第4期。

[5] 白明，2007，《农民工收入的影响因素分析—以G省籍农民工为例》，《集团经济研究》第4期。

[6] 巴曙松，2011，《2015年人口红利窗口将关闭》，《经济参考报》，2011-05-05。

[7] 边燕杰、李路路，2006，《社会学研究与问卷设计》，载边燕杰、李路路、蔡禾主编，《社会调查方法与技术》，北京：社会科学文献出版社。

[8] 蔡昉，1996，《特征与效应—山东农村劳动力迁移考察》，《中国农村观察》第2期。

[9] 蔡昉，2010，《人口转变、人口红利与刘易斯转折点》，《经济研究》第4期。

[10] 蔡禾，2012，《国家治理的有效性与合法性——对周雪光、冯仕政二文的再思考》，《开放时代》第2期

[11] 蔡禾、王进，2007，《农民工永久迁移意愿研究》，《社会学研究》第6期。

[12] 陈映芳等，2003，《征地与郊区农村的城市化—上海市的调查》，上海：文汇出版社。

[13] 陈佩华、萧裕均，2011，《沃尔玛的供应商工厂：血汗劳动》，载赵明华、赵

炜、范路路主编，《中国劳动者维权问题研究—中国工会法60年与劳动法15年》，北京：社会科学文献出版社。

[14] 大卫·桑普斯福特、泽弗里斯·桑纳托斯（主编），卢昌崇、王询（译），2000，《劳动经济学前沿问题》，北京：中国税务出版社。

[15] 都阳，2001，《风险分散与非农劳动供给》，《数量经济与技术经济研究》第1期。

[16] 杜鹰、白南生，1997，《走出乡村——中国农村劳动力流动的实证研究》，北京：经济科学出版社。

[17] 杜鹰、白南生主编，1997，《走出乡村》，北京：经济科学出版社。

[18] 大卫·李嘉图（著），郭大力，王亚南（译），1976，《政治经济学及赋税原理》，北京：商务印书馆。

[19]《调查显示中国30%员工每日工作超过11小时》，《中国广播网》，2012-5-1。

[20]《广州人均工作时间9.02小时，全国28城中居首》，《新快报》，2012-7-21。

[21] 范红波，2005，《农民工迁移收入转移影响因素的实证分析》，《农民问题》第4期。

[22] 高颖，2008，《农村富余劳动力的供需变动及分析》，《人口研究》第5期。

[23] 高文书，2006，《进城农民工就业状况及收入影响因素分析》，《中国农村经济》第1期。

[24] 高嵩、焦宝松、王建，2006，《农民工收入决定的实证分析》，《经济问题》第10期。

[25] 郭铁民，1999，《马克思工资理论探讨》，《当代经济研究》第1期。

[26] 怀默霆，2009，《中国民众如何看待当前的社会不平等》，《社会学研究》第1期。

[27] 何国俊，2008，《人力资本、社会资本与农村迁移劳动力的工资决定》，《农业技术经济》第1期。

[28] 胡建国，2007，《中国城镇劳动力市场工资差异的城乡户籍歧视问题探讨》，《统计与决策》，第1期。

[29] 韩兆洲、安宁宁，2007，《最低工资、劳动力供给与失业——基于VAR模型

的实证分析》,《暨南学报》第1期。
[30] 何帆, 2004,《解读最低工资法》,《经济观察报》, 2004-3-3。
[31] 黄乾, 2009,《城市农民工的就业稳定性及其工资效应》,《人口研究》第3期。
[32]【美】加里·贝克尔(著), 蓝科正(译), 1996,《歧视经济学》, 台北: 台湾中正书局。
[33] 考尔·罗伯特, 1979, 《工作、流动和分享: 美国和日本工业的比较性研究》, 洛杉矶: 伯克利和洛杉矶大学加利福尼亚出版社。
[34]【德】卡尔·马克思(著), 中共中央马克思恩格斯列宁斯大林著作编译局(译), 2004,《资本论(第一卷)》, 北京: 人民出版社。
[35]【美】库尔特·勒布, 托马斯·盖尔·穆尔(编), 吴珠华(译), 1999,《斯蒂格勒论文精粹》, 北京: 商务印书馆。
[36] 林毓铭: 2005,《低工资徘徊、工业伤害与"民工荒"的综合思考》,《市场与人口分析》, 第5期。
[37] 李强, 2003,《专题讨论: 中国流入城市的农民工问题》,《Social Sciences in China》, 第4期, P:126-137。
[38] 李强, 1999,《中国大陆城市农民工的职业流动》,《社会学研究》第3期。
[39] 李强, 2008,《社会分层十讲》, 北京: 社会科学文献出版社。
[40] 李培林, 2003,《农民工: 中国进城农民工的社会经济分析》, 北京: 社会科学文献出版社。
[41] 刘易斯, 1989,《二元经济论》, 北京: 北京经济学院出版社。
[42] 李实, 1997,《中国经济转轨中劳动力流动模型》,《经济研究》第1期。
[43] 李实、杨修娜, 2010,《农民工工资的性别差异及其影响因素》,《经济社会体制比较研究》第5期。
[44] 李实、魏众, 2009,《中国经济转型中城镇劳动力市场分割问题——不同部门职工工资收入差距的分析》,《管理世界》第3期。
[45] 理查德·B弗里曼和詹姆斯·L.梅多夫(著)、陈耀波(译), 2011,《工会是做什么的? 美国的经验》, 北京: 北京大学出版社。
[46] 李萌, 2004,《劳动力市场分割下乡城流动人口的就业分布与收入的实证

分析》,《人口研究》第6期。

[47] 刘林平、万向东、张永宏, 2006,《制度短缺与劳工短缺——“民工荒”问题研究》,《中国工业经济》第8期。

[48] 刘林平、雍昕、舒玢玢, 2011,《劳动权益的地区差异——基于对珠三角和长三角外来工的问卷调查》,《中国社会科学》第2期。

[49] 刘林平、张春泥、陈小娟, 2010,《农民的效益观与农民工的行动逻辑—对农民工超时加班的意愿与目的分析》,《中国农村经济》第9期。

[50] 刘林平、陈小娟, 2010,《制度合法性压力与劳动合同签订——对珠三角农民工劳动合同的定量研究》, 中山大学学报(社会科学版)第1期。

[51] 李亚雄, 2009,《劳动争议视角下私营企业劳动体制特性考察》,《中南民族大学学报》第6期。

[52] 李树茁、杨绪松、任义科、靳小怡, 2007,《农民工的社会网络与职业阶层和收入: 来自深圳调查的发现》,《当代经济科学》第1期。

[53] 李萌: , 2004,《劳动力市场分割下乡城流动人口的就业分布与收入的实证分析》, 人口研究第6期。

[54] 罗锋、黄丽, 2011,《人力资本因素对新生代农民工非农收入水平的影响——来自珠江三角洲的经验证据》,《中国农村观察》第1期。

[55] 李骏、吴晓刚, 2012,《收入不平等与公平分配: 对转型时期中国城镇居民公平观的一项实证分析》,《中国社会科学》第3期。

[56] 李骏、顾燕峰, 2011,《中国城市劳动力市场中的户籍分层》,《社会学研究》第2期。

[57] 刘精明, 2006,《劳动力市场结构变迁与人力资本收益》,《社会学研究》第6期。

[58] 罗小兰, 2007,《我国最低工资标准农民工就业效应分析——对全国、地区及行业的实证研究》,《财经研究》第11期。

[59] 卢志刚、宋顺锋, 2005,《农民工收入微观影响因素统计分析》,《现代财经》第10期。

[60] 娄世艳、李建民, 2008,《中国农村居民工资性收入影响因素实证研究—尤其教育在其中的作用》,《教育与经济》第3期。

[61] 梁健中、熊剑峰:《人文气息吸引民工流向长三角》，2005-02-04，金羊网。
[62] 马尔萨斯(著)，子箕等(译)，1961，《人口原理》，北京：商务印书馆。
[63] 孟昕，2010，《中国远未到“刘易斯拐点”》，中国财经报，2010-11-30。
[64] 马克思，恩格斯(著)，中共中央马克思、恩格斯、列宁、斯大林著作编译局(编译)，1972，《马克思恩格斯全集》，第23卷，北京：人民出版社。
[65] 马克思，1975，《资本论(第一卷)》，北京：人民出版社。
[66] 缑文学，2010，《金融危机下返乡农民工就业问题探讨—以广西省为分析对象》，《人民论坛》第8期。
[67] 毛丹、王燕锋，2006，《J市农民为什么不愿做市民——城郊农民的安全经济学》，《社会学研究》第6期。
[68] 马丁.L.魏茨曼(著)，林青松(译)，1986，《分享经济——用分享制代替工资制》，北京：中国经济出版社。
[69] 马双、张劼、朱喜，2012，《最低工资对中国就业和工资水平的影响》，《经济研究》第5期。
[70] 潘泽泉，2008，《全球化、世界工厂与中国农民工发展的经验教训》，《广东社会科学》第1期。
[71] 潘毅、许怡，2012，《垄断资本与中国工人——以富士康工厂体制为例》，《文化纵横》第2期。
[72] 庞丽静，《富士康员工：从前加班能拿4000元现在不到2000元》，《经济观察报》，2012-4-14日。
[73] 平新乔，2005，《关注民企劳资关系》，《民营视界》第6期。
[74] 栾敬东，2003，《流动人口的社会特征及其收入影响因素分析》，《中国人口科学》第2期。
[75] 权衡、李凌，2011，《上海提高最低工资标准的收入分配效应：实证与模拟》，《上海经济研究》第4期。
[76] 渠敬东、周飞舟、应星，2009，《从总体支配到技术治理：基于中国 30年改革经验的社会学分析》，《中国社会科学》第6期。
[77] 钱文荣、姜励卿，2011，《农民工性别工资差距的分位数回归分析：基于浙江农民工调查的经验研究》，《财经论丛》第3期。

[78] 沈原, 2006,《社会转型与工人阶级的再形成》,《社会学研究》第2期。
[79] 宋洪远、黄华波、刘光明, 2002,《关于农村劳动力流动政策问题的研究》,《管理世界》第5期。
[80] 孙丽君、李季山、蓝海林, 2010,《劳动合同对于进城务工人员收入影响的有效性分析》,《经济学季刊》第2期。
[81] 苏群、周春芳, 2005,《农民工人力资本对外出打工收入影响研究——江苏省的实证分析》,《农村经济》第7期。
[82] 陶东风, 1998,《福特主义与后福特主义》,《国外社会科学》第1期。
[83] 王美艳, 2005,《中国城市劳动力市场上的性别工资差异》,《经济研究》第12期。
[84] 王毅杰, 2003,《流动农民工职业获得途径及其影响因素》,《江苏社会科学》第5期。
[85] 王珺、郑筱婷, 2006,《广东和江浙地区外来工工资的比较研究: 来自关系约束模型的解释》,《管理世界》第8期。
[86] 万向东, 2007,《流动、打工、生活与外来工权益状况——珠三角与长三角外来工比较研究报告之一》,《珠江经济》第4期。
[87] 万向东、孙中伟, 2011,《农民工工资剪刀差及其影响因素的初步探索》,《中山大学学报(社会科学版)》第3期。
[88] 吴愈晓, 2013,《中国城乡居民的教育机会不平等及其演变(1978—2008)》,《中国社会科学》第3期。
[89] 文军, 2004,《农民市民化: 从农民到市民的角色转型》,《华东师范大学学报(哲学社会科学版)》第3期。
[90] 文军, 2009,《农民的“终结”与新市民群体的角色“再造”——以上海郊区农民市民化为例》,《社会科学研究》第2期。
[91] 谢宇, 2010,《认识中国的不平等》,《社会》第3期。
[92] 谢勇, 2009,《农民工就业流动的工资效应研究: 以南京市为例》,《人口与发展》第4期。
[93] 谢国雄, 1998,《纯劳动: 台湾劳动体制诸论》, 台北南港: “中研究” 院社会学所筹备处。

[94] 谢嗣胜、姚先国, 2006,《农民工工资歧视计量分析》,《中国农村经济》第4期。
[95] 薛兆丰, 2004,《最低工资法不可取》,《二十一世纪经济报道》, 2004年11月。
[96] 谢建社, 2012,《新产业工人阶层: 社会转型中的农民工》, 北京: 社会科学文献出版社。
[97] 姚先国、李莉、张海峰, 2008,《农民工工资歧视与职业隔离: 来自浙江省的证据》,《管理学家》第3期。
[98] 徐文婷、张广胜, 2011,《人力资本对农民工工资性收入决代际差异的视角》,《农业经济》第8期。
[99]【美】西奥多.W.舒尔茨（著）, 吴珠华（译）:《论人力资本投资》, 北京经济学院出版社, 1990。
[100]【英】亚当.斯密（著）, 郭大力, 王亚南（译）, 1972,《国民财富的性质和原因的研究》, 北京: 商务印书馆。
[101]【美】约翰·贝茨·克拉克（著）, 王翼龙（译）, 2008,《财富的分配》, 北京: 华夏出版社。
[102]【英】亚瑟·赛斯尔·庇古（著）, 朱泱、张胜纪、吴良健（译）, 2006,《福利经济学》, 北京: 商务印书馆。
[103] 姚俊, 2010,《流动就业类型与农民工工资收入——来自长三角制造业的经验数据》,《中国农村经济》第5期。
[104] 姚洋、钟宁桦, 2008,《工会是否提高了工人的福利? ——来自12个城市的证据》,《世界经济文汇》第5期
[105] 尹善平, 2007,《人力资本、制度与工资差别: 对大城市二元劳动力市场的实证分析》,《管理世界》第6期。
[106] 袁志刚、陆铭, 1997,《效率工资理论述评》,《经济科学》第6期。
[107] 严于龙、李小云, 2006,《农民工收入影响因素初步分析》,《宏观经济管理》第12期。
[108] 严于龙, 2006,《对农民工收入影响因素的初步分析》,《中国统计》第10期。

[109] 余晓敏，2007，《跨国公司行为守则与中国外资企业劳工标准》，《社会学研究》第5期，
[110] 游正林，2006，《管理控制与工人抗争——资本主义劳动过程研究中的有关文献述评》，《社会学研究》第4期。
[111] 周井娟，2008，《不同行业农民工收入影响因素比较》，《统计与决策》第2期。
[112] 朱农，2005，《中国劳动力流动与"三农"问题》，武汉：武汉大学出版社。
[113] 张丹丹，2004，《市场化与性别工资差异研究》，《中国人口科学》第1期。
[114] 赵延东、王奋宇，2002，《城乡流动人口的经济地位获得及决定因素》，《中国人口科学》第4期。
[115] 章元、李锐、王后、陈亮，2008，《社会网络与工资水平——基于农民工样本的实证分析》，《世界经济文汇》第6期。
[116] 章元、陆铭，2009，《社会网络是否有助于提高农民工的工资水平？》，《管理世界》第3期。
[117] 赵延东、王奋宇，2002，《城乡流动人口的经济地位获得及决定因素》，《中国人口科学》第4期。
[118] 宗成峰，2010，《社会资本与农民工就业及工资决定的研究述评》，《首都经济贸易大学学报》第4期。
[119] 宗成峰、李茜，2008，《农民工收入影响因素的计量分析—以北京市建筑业为例》，《中国农业大学学报（社会科学版）》第12期。
[120] 赵显洲，2012，《人力资本、市场分割与农民工的工资决定》，《农业经济问题》第4期。
[121] 张展新，2004，《劳动力市场的产业分割与劳动人口流动》，《中国人口科学》第2 期。
[122] 张杨波，2011，《西方"住房阶级"理论演变与经验争辩》，《国外社会科学》第2期。
[123] 张五常，2000：《最低工资种祸根》，《南方周末》，2000。
[124] 张五常，2004，《另眼看最低工资》，《南方周末》，2004-6-19。

[125] 周业安、宋紫峰，2006，《工资决定的行为与制度分析》，《学术月刊》第12期。

[126] 张建武，《最低工资标准可能让劳力优势难以发挥》，《南方日报》，2006-5-17日。

[127] 张丽宾、杨涛、常凯，2006，《劳动保障研究专家：设最低工资不会造成就业减少》，《人民日报（海外版）》，2006-10-9。

[128] 张杨珩，2007，《进城农民工人力资本对其非农收入的影响——基于江苏省南京市外来农民工的调查》，《农民收入与消费》第8期。

[129] Andrew Weiss, "Efficiency Wages: Models of Unemployment, Layoffs, and Wages Dispersions", Princeton, NJ:Princeton University Press, 1991, pp. 426-453.

[130] Anne R.I. Turgot, "Reflections on the Formation and the Distribution of Riches ", New york: The Macmillan Company, 1898.

[131] Andrew G. Walder, Local Governments as Industrial Firms: An Organizational Analysis of China's Transitional, American Journal of Sociology, Vol. 101, No. 2 （Sep.1995）.

[132] Arnott,Hosios,Stiglitz,1988,"Implicit constracts, labour mobility and unemployment", The American Economic Review,Vol.78,No.5.

[133] Burawoy, 1985, The Politics of Production, Verso, London.

[134] Bian, Yanjie R.John Logan 1996, Market Transition and the Persistence ofPower ：The Changing Stratification System in Urban China.American Journal ofSociology . Vol.61,No.7.

[135] Beker,1962,"Investment in human capital: A theoretical analysis", The Journal of PoliticalEconomy,Vol.70,No.5.

[136] Bennett Harrison and Andrew Sum,1979, "The Theory of Dual or Segmented Labor Markets".Journal of Economic Issues, Vol.XIII. pp.689-706.

[137] C. Cindy Fan. The Elite, the Natives, and the Outsiders: Migration and Labor Market Segmentation in Urban China. Annals of the Association of

American Geographers, Vol. 92, No. 1 （Mar.2002）, pp.103-124.

[138] Fuller, Sylvia. "Job Mobility and Wage Trajectories for Men and Women in the United States". American Sociological Review. vol.73. （2008）: 158-182。

[139] Francis Fukuyama, "Political Order in Egypt", "The American Interest", Volume 6, Number 5,May/June ,2011。

[140] Harris & Todaro （1970）."Migration, Unemployment and Development: a Two-Sector Analysis".American Economic Review, 60: 126-42.

[141] James P.Smith,and Finis R.Weleh, "Black-White Male Wage Ratios: 1960-1970". "American Economic Review", vol.67, no.3（1977）.pp.323-335.

[142] MengXin and Jun sen Zhang, "the two-Tier Labor Market in UrbanChina: ocupationals,regation and Wage Differentials between Urban Residents and Rural Migrants in Shang hai".Journal of ComParative Economics, 29 （2001）, PP.485-504.

[143] Ehrenberg,Ronald,"Modern Labor Economics（6th）",Addison Wesley, 1997.

[144] Georgellis,Lange,2007,"Intervention at the Level of the Firm",International Journal of Manpower,Vol.28 No.1.

[145] H.Gregg Lewis, Unionism and Relative Wages in the United States, Chicago: University of Chicago Press, 1963.

[146] Harvey Leibenstein, "The Theory of Underemployment in Densely Populated Backward Areas," in Harvey Leibenstein, Economic Backwardness and Economic Growth （New York: John Wiley & Sons, 1963）, chap. 6.

[147] Harris·J.and M·Todaro.（1970）,"Migration,Unemploymentand Development:A Two Sector Analysis",America Economic Review,60 （1）:126-142.

[148] H.Gregg Lewis, "Unionism and Relative Wages in the United States", Chicago: University of Chicago Press, 1963.

[149] Joseph E. Stiglitz, "The Causes and Consequences of the Dependency of Quality on Price," Journal of Economic Literature, March 1987, pp. 1-48.

[150] Kuratani,M,"A Theory of Training,Earnings,and Employment:An Application to Japan,",Ph.D.Thesis,1973,Columbia University.

[151] Lazear,Moore,1984,"Incentives,Productivity,and Labor Contracts",Quarterly Journal of Economics Vol.99,No.2 (May),pp.275-296.

[152] Mincer, J., 1989, "Human Capital and the Labor Market: a Review of Current Research", EducationalResearcher, 18 (5).

[153] Nee, Victor, 1989, "A Theory of Market Transition: From Redistribution toMarkets in State Socialism." American Sociological Review .54.

[154] Nee , Victor , 1991, "Social Inequality in Reforming State Socialism." American Sociological Review .56.

[155] Parish, William L.Ethan Michelson 1996, "Politics and Markets : Dual Transformations." American Journal of Sociology .101.

[156] Richard Lester.1951."Labor and industrial relation", New York, Macmillan.

[157] Reddy, William: "The rise of market culture".Cambridge: Cambridge University press, 1984.

[158] Sen A., 1966, "Peasant and dualism with or without surplus labor", American Economic Review, pp.425-450.

[159] Schultz, T. W. 1961,"Investment in Human Capital."The American Economic Review Vol (2).

[160] Sjaastad, Larry."The Costs and Returns of Human Migration."Journal of Political Economy, 70 (Oct. 1962): 80-93.

[161] Sakamoto, Arthur and Meichu D. Chen. 1991."Inequality and Attainment in a Dual Labor Marke".American Sociological Review 56 (3): 295-308.

[162] Todaro M P. "A Model for Labor Migration and Urban Unemployment in Less Development Countries". American Economic Review, 1969,59 (1): 138-148.

[163] William T.Dickens and Kevin Lang,1988, “The Reemergence of Segmented Labor Marker Theory”.The American Economic Review, vol5pp.129-134.

[164] Wu, Xiaogang and Donald J. Treiman. 2007. “Inequality and Equality under Chinese Socialism:The Hukou System and Intergenerational Occupational Mobility.” American Journal of Sociology, 113 (2) :415-45

[165] Yong-Woo Kwon, “A Study on the Spatial Evolution of the Urban System in Korea,1789-1975”, Geography,15 (1977) , pp. 57-73。

[166] Zhou, Xueguang. 2000.“Economic Transformation and Income Inequality in Urban China”. American Journal of Sociology. 105.No.4.

后　　记

在中国改革开放40年的发展历程中，中国的工业制造水平和工业生产能力实现了跨越式发展，长三角和珠三角地区也发展成为中国生产制造的世界级基地。在中国工业经济突飞猛进的过程中，农民工作为生产制造的一线工人，作为城市经济社会建设的亲身参与者，他（她）们对中国工业经济和中国制造做出了不可磨灭的贡献，发挥了不可忽视的作用。

随着中国特色社会主义进入新时代，中国经济发展进入新常态，如何看待改革开放过程中农民工的历史地位，如何评价改革开放过程中农民工的劳动贡献，就成为新时代的重要研究课题。不同于一般概括性的描述和解读，本文结合大规模的农民工问卷调查数据，采用年份比较、区域比较、定量模型相结合的方式，力图客观呈现农民工群体对中国经济发展的贡献，力图全面展示当时期农民工群体的工资水平及变动情况，从而帮助读者更加理性看待中国改革开放过程中农民工力量的重要性，帮助读者更加直观理解中国改革开放过程中农民工权益的实际情形。

2015年8月21日，在中共中央召开的党外人士座谈会上，习近平总书记指出“广大人民群众共享改革发展成果，是社会主义的本质要求，是我们党坚持全心全意为人民服务根本宗旨的重要体现。”对农民工群体来说，工资水平是最重要也是最直观体现农民工群体共享改革发展成果的指标。为此，本文基于中山大学社会学与社会工作系于2006、2008和2009年在珠三角地区，2010年在长三角和珠三角地区进行的四次大规模农民工调查问卷数据，选取其中的企业农民工作为研究对象，将农民工的工资总量和工资结构分析相结合，揭示出农民工工资总量和工作结构背后的决定机制和内在机理。

此外，需要指出的是，本人是在本人博士论文基础修改而成。本人的博士论文很荣幸被评为由北京大学余天休社会学基金资助的第四届“余天休社会学优秀博士论文奖”。在此，要特别感谢本人的博士指导老师，中山大学社会学系蔡禾教授，从论文选题到资料分析再到论文撰写和最终成文，恩师付出了艰辛劳动，倾注了大量心血。还要感谢中山大学社会学系万向东副教授，原中山大学社会学系、现南京大学社会学系刘林平教授。当然，最需要感谢的是配合历年农民工课题组做调查的每一位农民工，正是他们用勤劳和汗水支撑了“中国制造”和成就了中国“世界工厂”的地位，他们是我们这个时代最值得尊敬的劳动者，希望他们的付出能够为他们及他们的后代带来幸福、平安的生活，更希望中国全面小康早日实现帮助他们及他们的后代过上富足的生活。

附录　广东省最低工资标准及设置

表1　2004年以前广东省历年颁布的最低工资标准

年份	月最低工资标准	适用条件
1995年	最低工资标准划分为五类 一类为每月320元 二类为每月280元 三类为每月250元 四类为每月220元 五类为每月190	各地从上述标准中选择一个适用标准，由市人民政府向社会公布施行 经济差异较大的地区，可多选一个标准，但一个市最多不得超过两个标准 深圳市和珠海市企业职工最低工资标准由市人民政府制订，报省人民政府批准后颁布实施
1996年	最低工资标准分为七类 一类每月380元 二类每月350元 三类每月320元 四类每月280元 五类每月250元 六类每月235元 七类每月220元	各市人民政府可从上述标准中，根据本地区情况选定一个适用标准，但所选企业职工最低工资标准绝对额不得低于去年
1999年	最低工资标准分为八类 一类每月550元 二类每月450元 三类每月400元 四类每月360元 五类每月320元 六类每月290元 七类每月270元 八类每月250元	深圳市适用一类标准，其他各地从二至八类标准中选择一至二个，由地级以上市人民政府公布执行 新标准要高于原标准，且不得低于当地失业保险金水平

年份	月最低工资标准	适用条件
2001年	最低工资标准分为七类 一类480元/月 二类430元/月 三类380元/月 四类340元/月 五类310元/月 六类290元/月 七类270元/月	深圳市按照《深圳经济特区最低工资条例》执行 其余各市可根据本地区的实际情况，从上述标准中选一至二个标准，由地级以上市人民政府公布执行
2002年	最低工资标准分为七类 一类510元/月 二类450元/月 三类400元/月 四类360元/月 五类330元/月 六类300元/月 七类280元/月	深圳特区内最低月工资不得低于595元，特区外宝安、龙岗两区月工资不得少于460元 其余各市必须从上述标准中选定一至两个标准，由地级以上市人民政府向社会公布执行
2003年	最低工资标准分为七类 一类510元/月 二类450元/月 三类400元/月 四类360元/月 五类330元/月 六类300元/月 七类280元/月	2003年最低工资标准仍按照2002年标准执行 深圳市按照《深圳市经济特区最低工资条例》执行
2004年	最低工资标准分为七类 一类684元/月 二类574元/月 三类494元/月 四类446元/月 五类410元/月 六类377元/月 七类352元/月	深圳市按《深圳经济特区最低工资条例》执行 各市原则上应按原执行的类别调整最低工资标准

表2　2005年以来广东颁布的历年最低工资标准

时间	月最低工资标准	适用地区	备注
2005年	—	—	颁布实施《广东省工资支付条例》
2006年	最低工资标准划分为五类 一类为每月780元 二类为每月690元 三类为每月600元 四类为每月500元 五类为每月450元	广州 珠海、佛山、东莞、中山 汕头、惠州、江门 韶关、河源、梅州、汕尾、阳江、湛江、茂名、肇庆、清远、 潮州、揭阳、云浮 部分县、县级市	深圳执行《深圳经济特区最低工资条例》，特区内为810元/月；特区外宝安、龙岗两区为700元/月 对于市辖县（含县级市）经济发展水平与市区差距较大的，可选择比本市低一类的标准执行 各市不再自行从省颁标准中选择一至两个执行
2008年	最低工资标准划分为五类 一类为每月860元 二类为每月770元 三类为每月670元 四类为每月580元 五类为每月530元	广州 珠海、佛山、东莞、中山 汕头、惠州、江门 韶关、河源、梅州、汕尾、阳江、湛江、茂名、肇庆、清远、潮州、揭阳、云浮 执行四类市的部分县（县级市）	各市原则上统一执行省确定标准的基础上，首次允许有条件的地区在省确定的标准上适当上调标准，但明确不得下调标准。
2009年	—	—	受国际金融危机影响，广东省不再提高最低工资标准
2010年	最低工资标准划分为五类 一类为每月1030元 二类为每月920元 三类为每月810元 四类为每月710元 五类为每月660元	广州 珠海、佛山、东莞、中山 汕头、惠州、江门 韶关、河源、梅州、汕尾、阳江、湛江、茂名、肇庆、清远、潮州、揭阳、云浮 执行四类市的部分县（县级市）	深圳市按《深圳市员工工资支付条例》自行制订执行 各地统一执行省定标准，可适当上调标准，但不得下调标准 个别市辖县以及县级市经济发展水平与市区差异较大的，可以执行低一类标准

时间	月最低工资标准	适用地区	备注
2011年	最低工资标准分为四类 一类每月1300元 二类每月1100元 三类每月950元 四类每月850元	广州 珠海、佛山、东莞、中山 汕头、惠州、江门 韶关、河源、梅州、汕尾、阳江、湛江、茂名、肇庆、清远、潮州、揭阳、云浮	深圳市按《深圳市员工工资支付条例》自行制订执行 各地原则上统一执行省定标准，有条件地区可上调标准
2012年	—	—	截止目前，广东省只有深圳市发布了最新的最低工资标准 全日制就业劳动者最低工资标准：1500元/月 非全日制就业劳动者小时最低工资标准：13.3元/小时
2013年	最低工资标准分为四类 一类每月1550元 二类每月1310元 三类每月1130元 四类每月1010元	广州 珠海、佛山、东莞、中山 汕头、惠州、江门、肇庆 韶关、河源、梅州、汕尾、阳江、湛江、茂名、肇庆、清远、潮州、揭阳、云浮	
2015年	最低工资标准分为四类 一类每月1895元 二类每月1510元 三类每月1350元 四类每月1210元	广州 珠海、佛山、东莞、中山 汕头、惠州、江门、肇庆 韶关、河源、梅州、汕尾、阳江、湛江、茂名、肇庆、清远、潮州、揭阳、云浮	深圳市按《深圳市员工工资支付条例》执行
2018年	最低工资标准分为四类 一类分为两档 每月2100元 每月2200元； 二类每月1720元 三类每月1550元 四类每月1410元	广州 深圳 珠海、佛山、东莞、中山 汕头、惠州、江门、肇庆 韶关、河源、梅州、汕尾、阳江、湛江、茂名、肇庆、清远、潮州、揭阳、云浮	